生命的盐

——德育工作行与思

主　编

陈立军

副主编

王朝霞　　张　鹏　　周　芳　　屈检嗣　　黄雅芩

编　委

马　明　　王谦益　　王莉娟　　文创建　　毛亿志
朱彩霞　　刘海涛　　何正伟　　李　艳　　李黎明
李红波　　罗召庆　　周　宁　　张　科　　欧建志
郭胜清　　黄　燕　　黄金萍　　黄腊梅　　彭文丰
雷雄飞　　蒋建林　　潘雪陵　　谢　兰　　廖美华
翟芳华

（按姓氏笔画排序）

湖南师范大学出版社

图书在版编目（CIP）数据

生命的盐——德育工作行与思 / 陈立军主编. —长沙：湖南师范大学出版社，2014.4

ISBN 978-7-5648-1611-7

Ⅰ.①生…　Ⅱ.①陈…　Ⅲ.①中学－德育工作－研究　Ⅳ.①G631

中国版本图书馆CIP数据核字(2014)第060288号

生命的盐——德育工作行与思

陈立军　主编

◇策划组稿：颜李朝　刘苏华
◇责任编辑：颜李朝
◇责任校对：胡晓军
◇出版发行：湖南师范大学出版社
　　　　　　地址／长沙岳麓山　　邮编／410081
　　　　　　电话/0731.88853867　88872751　传真/0731.88872636
　　　　　　网址/http://press.hunnu.edu.cn
◇经销：湖南省新华书店
◇印刷：长沙宇航印刷有限公司
◇开本：710 mm×1000 mm　1/16
◇印张：13
◇字数：208千字
◇版次：2014年4月第1版　2014年4月第1次印刷
◇印数：1－5000册
◇书号：ISBN 978-7-5648-1611-7
◇定价：30.00元

如有印装质量问题，请与承印厂料换

序

　　党的十七大报告提出"育人为本、德育为先"的教育理念，将德育工作放在了教育工作的首位；十八大报告再次明确指出"把立德树人作为教育的根本任务"，从全局和战略高度对教育工作提出了明确要求。因此，以人为本、立德树人应该成为基础教育的根本任务，德育为首、育人为本必须成为每一位教师的价值追求。

　　在立德树人的教育大背景之下，为深入贯彻落实《中共中央　国务院关于进一步加强和改进未成年人思想道德建设的若干意见》和《教育部关于进一步加强中小学班主任工作的意见》精神，长沙市教育局着力推进"名师工程"建设，探索加强德育（班主任）队伍专业化建设的有效途径，充分发挥中小学班主任在学校教育工作中的骨干作用，促进学生德智体美全面发展，2012年12月成立了长沙市第一个德育（班主任）名师工作室——陈立军德育（班主任）特色工作室，以期充分发挥名优班主任教师的引领、示范和辐射作用，通过大力开展班主任教师培训、课题研究、教学研讨、送教下乡等活动，有效促进中青年骨干班主任教师的专业成长。

　　工作室以"明德树人，为孩子的终身发展与幸福奠基"为宗旨，着力于"班级文化建设"，力求"让班级成为润泽师生心灵的家园"，带领工作室成员教师从班级日常管理和建设出发，发现并研究问题，既仰望德育的星空，又依据合理的德育途径和有效的德育方法脚踏实地探索德育问题。

　　一年来，陈立军德育（班主任）特色工作室全体老师阅读学习，交流分享，反思创造，开展了丰富多彩、有特色有成效的活动。名师团队成员的精彩讲座与专题报告，既有对教育工作的热爱和崇敬，更有对德育工作的细心体会和深刻领悟，从中不难看出名师们的教育理想与信念、教育智慧与真情、教育个性与特色；学员老师所写的一个个教育故事，饱含着热情，倾注了真情，他们对教育的用心、专心、耐心和细心跃然纸上，扎扎实实阅读研讨的作风令人感佩。周国平先生说，历史上许多伟大的人物，在他们众所周知的声誉背后，往往有一个别人所不知的身份，便是终身读者，即一辈子爱读书的人。我希望所有教师，除了教师这一身份之外，能有一个共同的身份——读书人。陈立军德育（班主任）特色工作室的名师及成员以阅读为引领感悟提升，是一件令人特别愉悦的事情，也是我感到特别欣喜的事情。

　　《生命的盐——德育工作行与思》是工作室一年来部分工作内容的呈现，撷取了老师们的一场场精彩的发人深省的德育讲座，一篇篇存于心灵蕴之为德行的阅读感悟，一个个鲜活灵动的原生态的教育故事，给人鼓舞，给人启迪，给人温暖和美丽。

　　谨此，我乐为之序。

长沙市教育局　王建林

2014年3月

前言

做生命的盐

几年前，读到《圣经》上的一句话：要做世上的光，更要做世上的盐。世上的盐，是不足为奇的，于生命又是不可或缺的。耶稣用来提醒基督徒的这句话，是多么切合我们的老师啊！平凡的老师，于学生而言也是不可缺少的。作为老师，与选择做世上的光相比，是不是更应该做世上的盐、做生命的盐呢？要像盐一样朴实洁净，在社会之中，在工作之中，在为人处事之中，做到朴实无华，洁身自好。还要像盐一样提炼自己，升华自己。如矿盐、海盐提炼加工净化为食用盐一样，我们也得除去心头的私心与杂念，不断净化自我、完善自我，活出自己单纯而丰富的生命。更要像盐调和五味一样调和我们的教育生活，给人带来喜乐，带来感恩，带来力量，带来生命的美好。因着内心这份极大的认同感，几年来，做生命的盐也就成了自我的期许和追求。特别是在主持长沙市德育（班主任）特色工作室后，也在引领着我们的老师树立做生命的盐的理念，并用切实的行动践行着这一思想和理念。具体说来，我们主要采取了三方面的行动：

1.让阅读像呼吸一样自然

前不久，一名印度工程师所写的《令人忧虑，不阅读的中国人》红遍网络。他说，中国人不阅读，未来的中国前途堪忧！相比于国人的不阅读，更令人忧虑的是，教书的教师不读书，担负更多的育人责任的班主任不读书。引领老师们接近书本，热爱阅读，让阅读像呼吸一样自然，就成了工作室开展工作的切入点。我们把工作室开展工作的第一年定为阅读学习年。正如朱永新老师说："共读，是一个班级、一个家庭、一所学校、一个社区、一个国家乃至于整个人类通过阅读继承共同的文化遗产，拥有共同的语言和密码，从而能够共同生活的最重要的途径之一。"是的，但凡伟大的教育者都是伟大的读书者。阅读，是个人成长的第一步；共读，是工作室发展的第一步。在阅读的基础上，我们交流分享，我们反思创造，我们提炼出自我的教育主张，形成自己的教育高地。工作室成立近一年来，我们共读了三本书：《过去的中学》、《给教师的建议》、《第56号教室的奇迹》。阅读，让我们的老师既能脚踏实地地行走在教育之路途上，又能仰望教育的星空，生成高于一般技术或艺术的观念和思想。勇于凝视教育的真实、教育的原型，从而给现实的教育行动赋予高贵的和谐形式，而不是简单地受制于当下的现实。借用王莉娟老师话来说："身为人师的我们，已明白当下要做的不是为教育写申告状，为学校的俗气而愤怒，为教师的尊严而呼喊，而是在喧闹中追求安静，结合传统积淀、时代需要和未来走势提炼教育思想，然后安静地将这些思想精神落实到我们日常教育教学工作的每一个方面、每一个环节。"

2.让写作成为工作的常态

"让写作成为工作的常态"，乍一看这句话，会觉得不很合时宜。教师，又不是作家，干吗要让写作成为自己工作的常态？这绝不是我的首创。苏霍姆林斯基曾经建议每位教师都写教育日记，所有的教育名家都重视写作。这里的写作，是教育写作，是对教育的反思，或思考所得，或探究所获，或灵感的火花，或失误的反省……记得叶澜说过："一个教师写一辈子教案不一定成为名师，如果一个教师写三年反思可能成为名师。"著名的美国教育心理学家波斯纳也曾提出了一个教师的成长公式："成长=经验＋反思"。在教育教学工作中，我们常思常想，常想常写，常写常新，聚沙成塔，集腋成裘，才能常常提高，常常进步。

教育写作能给我们带来教育思想的启发、教育情感的升华、教育素养的提升、教育激情的飞扬……罗召庆老师的"教育莫言早，润泽该择时，生命有气象，何言无契机"的教育智慧；潘雪陵老师运用心理学、教育学的方法帮助学生认识自我、突破自我，成长为真正意义的"自主人"的教育素养……都可见这份写作（反思）的坚持中的收获与启迪。

3.让爱成为心灵的底色

有人说，没有任何东西可以替代你内在结构的实质性成长。只有持久地倾注于一个领域，只有持久地对某个领域某个问题保持着疑问和思索，那全新结构（也就是能解决问题的系统）才能形成。班主任工作有许多可思考和研究的点。在实践中我们发现，师生矛盾、同学纠纷、教育事故时有发生，追溯这些问题，我们发现，几乎都缘于沟通不力，缘于内心有爱却不会用爱的语言表达。于是，我们工作室老师达成共识：用爱的语言沟通你我他，让爱成为心灵的底色。我们以马歇尔的《非暴力沟通》为阅读的蓝本，以对自己教育教学的实践为反思的起点，去揣摩去发现自己有没有表达出心中的爱，所表达的爱对方能不能感受到，如何爱才能达到真正的沟通，达到心灵的契合与生命的和谐。我们的教育反思和行动就在爱的感召与爱的方法的指导下开始了，并取得了阶段性的显著成效。如翟芳华老师与青同学一起成长的故事，黄金萍老师尊重生命，静听花开的美丽，黄腊梅老师用一双温暖的大手推着罗罗一路前行的幸福，等等。这些都让我们深深地感受到了爱的智慧、爱的力量和爱的伟大。

　　阅读、写作（反思）、关爱，都是一种内心的诉求，是对自我的要求，更是想以自我改变来引导学生及其自己周围其他人的进步。只因为，我们熟悉这样一段话：

　　　　当我年轻的时候，我梦想改变这个世界；

　　　　当我成熟以后，我发现我不能够改变这个世界，

　　　　我将目光缩短了些，决定只改变我的国家；

　　　　当我进入暮年以后，我发现我不能够改变我们的国家，

　　　　我的最后愿望仅仅是改变一下我的家庭，

　　　　但是，这也不可能。

　　　　当我现在躺在床上，行将就木时，

　　　　我突然意识到：如果一开始我仅仅去改变我自己，

　　　　然后，我可能改变我的家庭；

　　　　在家人的帮助和鼓励下，

　　　　我可能为国家做一些事情；

　　　　然后，谁知道呢？我甚至可能改变这个世界。

　　是的，于我，于我们工作室的很多老师，我们都在努力改变"我"自己，做一个爱读书的老师，做一个勤于反思的老师，做一个懂得关爱学生的老师。读书、反思、关爱，这是我们且行且思的非常重要的内容，是我们笔下所书写的一个个教育故事、一段段教育真情、一篇篇阅读感悟，也是我们不断给予自己和他人的生命的盐分的来源。

　　愿我们越做越好。

陈立军

2014年3月5日

目录

第 一 章 名 师 讲 座

导 言

　　2013年，工作室名师团队成员陈立军、黄雅芩、王朝霞、屈检嗣、周芳、张鹏等六位老师除了引领本工作室的老师一起学习共同成长外，还把他们多年来耕耘的体会、经验的总结、教育中的细节与感动传播给三湘四水的老师，使广大老师从他们的"反哺"行动中获得教育的智慧、生命的温暖以及前行的动力。现撷取了他们的一部分讲座稿，分教育的智慧与真情、教育的个性与特色、教育的理想与信念三个方面呈现于此，愿也能给你带来温暖和收获。

第一节　教育的智慧与真情

寻找对与错之外的那片田野

苏菲派诗人鲁米说："在对与错的区分之外，有一片田野，我将在那里遇到你。"这句话令我思索：我们对学生的教育，是不是也可以在对与错、好与坏、道德与不道德的区分之外，寻找到那么一片田野，去感受学生的需要，去触摸学生的心灵，让学生健康快乐地成长呢？

一、"同理"孩子的心情

美国诗人谢尔·希尔弗斯坦有一首小诗：

孩子和老人

孩子说："有时我会把勺子掉到地上。"老人说："我也一样。"

孩子悄悄地说："我尿裤子。"老人笑了："我也是。"

孩子又说："我总是哭鼻子。"老人点点头："我也如此。"

"最糟糕的是，"孩子说，"大人们对我从不注意。"

这时候他感到那手又暖又皱。老人说："我明白你的意思。"

读完这首小诗，我不免发出这样的疑问：当孩子说，老师，我没听到闹钟响，迟到了，你会不会说，孩子，我也一样；当孩子说，老师，昨天打球去了，作业没做完，你会不会说：孩子，不要紧，我读书的时候也有没完成作业的情况；孩子说，老师，中午去外面玩电游了，被教育处老师抓到，要我来找班主任，请班主任叫家长领回去，作为班主任，您有没有可能说，孩子，我理解你的心情，我也曾贪玩被教育处抓到过……尤其是最后一种情况，恐怕我们真的很难做到。但有一次我做到了。今年6月20日，我们班有两个孩子，走读生，中午在电玩店玩游戏，被教育处老师抓到了。教育处的老师要这两个孩子来找班主任，并请班主任叫家长领他们回去。当两个孩子双双垂着头走进我的办公室后，我是怎么做的，孩子是怎么想的，我想先呈现两个孩子的短信的部分内容让大家了解：

徐同学的短信：

陈老师，我是徐某某。关于今天这件事，我首先要向您道歉……当您面对我们犯下的如此大错前，您并没有大声训斥我们，却让我们坐下，还为我们倒水开电风扇，当时我心中那股愧疚感就实实在在地被放大了数倍……最后，我再次对今天的事向您表达歉意。

黄同学的短信：

陈老师，我觉得对于今天的事，不说点什么难免过不去。首先，我想向您道歉。……另，让我感到惊奇的是，陈老师您没对我们多说什么，是想让我们自个儿反省吗？我从小就有这种想法，就是犯了错误，上级或家长不多加指责，反而更能给犯错者施加压力，或是给以震撼。而陈老师刚好做的跟我所想的一样，谢谢，我下次不会再犯了。回家后，我跟妈妈坦诚交代了今天发生的事，她说她高中时也曾因作弊记大过一次。这才是人生呐……

他们说得没错，是的，他们进了我的办公室后，我请他们坐下，又给他们倒了茶，还给他们开了电风扇。默默地坐了一会后，我问他们原因。黄同学说，学业水平考试过后，上课难度加大了，很多内容听不大懂，心里很烦，中午就去电玩室了。徐同学补充说，陈老师你知道我最喜欢漫画，我一般不去玩这些，中午和黄同学在一起，他说去玩一会，我也就跟着去了，以为没什么的，没想到……

我说，老师理解你们此时此刻的心情，但你们的行为触犯了学校的规章制度，按教育处的要求，你们两个今天先回去，回去后将今天发生的事跟父母说一说，作为班主任，我也要反思我的教育是不是有什么问题……

孩子们回去了，下午6点左右，我收到了他们的短信。这件事给我最大的体会和收获是：同理孩子的心情是多么重要。如果需要细化，第一，把孩子当作和自己平等的人。我请他们坐下倒水开电风扇，就是把他们看做是和我一样的人。第二，拥有同理心，能与孩子共情。人际交往的白金法则是：别人希望我怎样做，我就怎样做。此时此刻，我就做了孩子最希望我做的事情——理解

了孩子当时的心情与行为。第三，给孩子自我教育的时间和空间，在自我教育里，孩子才能真正生长出自我成长的力量。第四，让孩子在与社会力量（包括父母）交流中体会人生，感悟生命。如黄同学跟他妈妈坦诚交代后，妈妈的爆料让他大为感慨：这才是人生呐……

二、挖掘孩子的美好

在一个班，总有那么几个问题学生，老师往往将他们视为眼中钉、心头刺，结果，孩子的问题被无限放大，所谓的问题孩子就真的成了问题孩子。所以，与其放大问题，不如以审美的眼光去呈现孩子美好生命存在的可能性。

田同学是高二转到我班的一个学生，据他说网瘾已达6年。高一时经常白天上网，高二我盯得紧，改在晚上。去年冬日，第一场大雪过后，田同学每天迟到。有一天，第一节课快下课了，他才赶来。我表情有点凝重，问他：今天又迟到了，有什么特殊原因没有？他说，没有。我耐着性子继续问：那为什么又迟到了呢？他竟然面带微笑，很轻松地说："我又睡过头了，醒来的时候已经迟到了，我想今天就装病不起来了。又睡了一会，可是睡不着，心想，我这周已经连续四天迟到了，现在还装病，实在要不得，于是我立马起来，跑到学校。"

他没有说假话，他是跑到学校的，他推开教室门时还在大口喘气。我很纳闷：平时在老师面前，他要么面无表情，要么满脸沮丧，今天怎么还能保持如此阳光般的微笑呢？我问他。他说："老师，有一次我上课睡觉，你问我晚上干什么去了。我回答说，晚上用手机上网，到凌晨1点多才睡。当时你说希望我少上网，并特别指出很欣赏我的诚实，所以我觉得还是诚实地跟你说比较好。"那一刻，我被这个孩子感动。我说："陈老师除了欣赏你的诚实，还很喜欢你阳光般的笑容。当然，如果你能以学业为重，那就更好了。"

之后，不知是天气暖和些了，还是他良心发现，他很少迟到了。今年上半年，他为了学考有一个月没怎么上网，但我终究没能拉回他上网的心，现在这个孩子在北京的一个JIE网瘾的场所。前几天他打电话给我说，陈老师，这里不能上网，我在这里改变了很多，大概还要一个月，我就会回去，我还要考大学……说到这些，我有些伤感，教育，有时候真的很无力。但是我还是坚信，没有哪个孩子不喜欢赞美。不苛责孩子的缺点，挖掘孩子的美好，提出合理的要求与期待，孩子还是会慢慢地变好。

三、"错过"孩子的过错

有一天，我读到一位老师的回忆文章。写他中学时担任小组长，有一次放学收作业，在收取一个智力有点障碍的赵同学的作业时，因等了很久，赵同学都没做完，就不耐烦了，抓起赵同学的作业本扔在地上，还抛下狠话说："从明天起，我也不和你说话了，看谁愿意理你。"这一幕恰好被她的班主任老师看到了，班主任默默地蹲下身来，捡起地上的作业本，很小心地一页一页抚平后，摸了摸赵同学的头，又拍了拍小组长的肩，说了一句话："回家吧，注意安全。"时隔多年后这位小组长写道："当时老师没有批评我一句，没有对我的表现做任何评价，但却给了我最意味深长的教育。"很显然，这位老师在有意地回避孩子的过错，让孩子在他的身教里，去感受其中的意味深长。读到这个故事的时候，我也想起了自己小学三年级的时候，因为是班长，没有学生也没有老师检查我的作业，几乎有半个学期，我没做过家庭作业。期中考试，一落千丈。期考后，我还没有省悟，有一天，班主任对我说，陈立军，把你的家庭作业拿出来让我看看。我支支吾吾，说放在家里。老师说，那明天带过来吧。晚上回去，我赶紧补了上来，以后再也不敢不做作业了。现在想来，老师一定知道我没做，还撒了谎，但他只是说明天带过来吧，就这样与我的过错擦肩而过，却让我刻骨铭心。多么高明的老师，多么善良的错过。雷夫说："我不会强迫孩子改变。我没有这个权力。我的责任是让孩子自己体验和观察，自己得出结论。"教育专家林格也说："造成目前教育障碍最主要的原因在于教育实践在孩子面前以赤裸裸的方式进行，而孩子的本性是不愿意感受有人在教育他的。"特别是现在的孩子。所以说，有意错过孩子的过错，不教训，不责骂，甚至不必指明，让孩子自己去观察去体验，那种教育的力量更会刻骨铭心。

四、欣赏孩子的"无聊"

我们老师总喜欢说，写作文，要有积极的主题；看书，要看有价值的书；玩，也要玩得有意义。所以，很多时候，我们都会以我们成人的眼光和成人的标准去要求孩子，对孩子所做的一些在我们看来没有意义的无聊的事情，就

会进行劝告，加以干涉，直至孩子听从你的意见。可是，有一天，我们班的毛艺萌同学读几米的《我的错都是大人的错》后在班上做读书报告时，他说道："大人都忘了，他们也曾经是小孩子，他们的口袋里，曾经藏着各种怪兽，他们的脑袋里，曾经浮现奇幻彩虹。在小孩子看来，每个大人都是一本呆板无趣的教科书。那一刻，我反思自己，是不是一本呆板无趣的教科书？怎样让孩子感觉你生动有趣？我对自己说，至少让孩子某种程度上保有那份单纯快乐和天真。所以，我会和学生一起欣赏彭春晓的小文章：

明亮而晴朗的一天，秋天的感觉更加真切了，课间里，同学们交换着各自带的零食，也交换着各自的心情。

如同季节，如同天气，如同一袋炒米换锅巴；

如同欢笑，如同歌唱，如同一个拥抱换打闹；

如同快乐，如同幸福，如同最简单的事换来最简单的满足。

所以，我也会请肖文庄和同学们分享她的文字，并称赞她笔下的孩子：

大家有没有注意到讲台上的那三朵花总是绽放着。我每天都会很好奇，这三朵花摆了十几天了，为何灿烂依旧。有一天中午我终于知道了答案：是思诺每天中午给它换水，在所有人都不曾注意的时候，默默地换水。每天那个瞬间，都被我采下，而采下的每一个当时，我都感受到一种"美"的逼迫。

也许这些，在我们成人看来没多大意义，但孩子们喜欢，孩子们开心，看似无意义的东西实则有大意义。

如果我们能"同理"孩子的心情，挖掘孩子的美好，甚至"错过"孩子的过错，欣赏孩子的"无聊"，那么，在对与错的区分之外，一定会有那么一片田野，一片教育的希望的田野，就像陈嘉映在《梦想的中国》里所描述的那样：我梦想的国土不是一条跑道，所有人都向一个目标狂奔，差别只在名次有先有后。我梦想的国土是一片原野，容得下跳的，跑的，采花的，在溪边濯足的，容得下什么都不干就躺在草地上晒太阳的……

（陈立军老师在广州市白云区师德大巡讲活动中的发言）

让爱心照亮我们的精神家园

我发言的题目是《让爱心照亮我们的精神家园——浅谈班级工作中的爱心教育》。

为什么要选择"爱心教育"这个主题来谈，有三点起因：

一是在日常工作中经常听到这样一些感叹：教育是需要付出大量爱心的，但是有些学生啊，真能把你那鲜活的心给磨出茧来。如果我们的学生能多一些爱心和理解，给老师心中的"爱心发动机"添一些油，上一点润滑剂，那该多好啊！

二是看到过这样一些报道：有学生亲手将母亲杀死，有学生血腥报复老师，有残忍除掉同窗学友的，还有将硫酸泼向动物园黑熊的……为什么学生对亲人、师长、朋友，对无辜的动物屡屡施暴？为什么接受多年教育的他们却不能成长为社会的良好公民？在他们的精神家园里，为什么会有那么多阴暗的角落？这是引人深思的现象。

三是近来班上一些事让我深有感触：开学初我班的体育委员杨娣患了骨癌。消息传来后，班上发生的很多事情，让我觉得一年多来在学生爱心教育方面做的努力真没有白费。且不说全班同学亲手折叠的满满一大包写满祝福的纸鹤承载了多少真情，也不说那你一百我一百，近5000元捐款传递了多少温暖。最让人感动的是，女子篮球赛时，全班同学一心想给杨娣送去最好的消息，不约而同地把它看作为杨娣而战。在实力并不够强的情况下，一场一场地拼，居然打进了决赛。决赛的关键时刻，同学们忽然喊出了"杨娣，加油！"的口号，听着耳边的声声呼喊，看着并没有杨娣的赛场上那一个个拼搏的身影，我深切地感受到同学们在如此真切地付出自己的爱。篮球赛最终还是失败了，在夜幕笼罩的篮球场上，我和学生都流了泪。学生是因为失败，感觉对不住杨娣而哭泣；而我，是被我的学生所感动。

结合这些事情，我在思考：爱是维系社会的心灵纽带，爱是人性的基础，一个没有爱心的人，必然是一个冷漠的、与社会脱节的人。现在的学生，得到的爱太多了，父母的爱、亲友的爱、老师的爱层层包裹着他们，很多学生已经

患了"爱的疲劳症"，突出症状是把被爱视为理所当然，不太懂得尊重他人的关爱，也不太懂得付出爱。但是，学生的可塑性很强，只要老师有意识地做一些引导，学生是能够接受并内化为自身的道德准则的。因此，培养学生的爱心，培养学生关爱他人、热爱生活、爱护自然的健全人格，是班级德育工作中非常重要的内容，应该引起我们的重视。

那么，班级工作中怎样进行有效的爱心教育，结合自身体验，我觉得应该注意以下几点：

一、应努力探寻爱心教育的多种途径

"公民道德是因为情感而产生的自律行为"，不是人所能强迫的。爱心，作为一种道德情操，是不可能通过老师枯燥的说教或强制性要求而建立起来的。因此，班级工作中的爱心教育，应多途径、采用多种方式进行。一般来说，有两种途径：一是组织以爱心教育为目标的主题活动，使参与的学生自觉产生认同感，并逐渐形成以奉献爱心为荣的班级大气候；二是融爱心教育于班级管理的各个环节，"随风潜入夜，润物细无声"，起到潜移默化的作用，并对已初步形成的大气候起巩固和强化作用，使之成为良好班风的有效组成部分。

1. 开展以爱心教育为目标的主题活动

以爱心教育为目标的主题活动可以是爱心捐助、主题班会，或外出"送温暖"等团队活动。以爱心捐助为例，一般是面向贫困学生或贫困地区，可以捐钱，也可捐物。我班多次组织爱心捐助，包括学校下达的任务和班级自发组织的捐助，学生们都毫无怨言，非常积极踊跃，几乎每次捐助的钱和物都是年级最多的，这是同学们极富爱心的一个真实反映。为什么会取得这样的成效？我觉得有以下几点：

第一，要使学生真正明白爱心捐助的意义所在。

有很多班主任老师可能认为类似爱心捐助的活动，多一事不如少一事，就算学校发出了号召，反正又没有什么硬指标，捐多捐少无所谓，完成任务而已，何必多操心，所以抱以不管不问的态度，交给干部出个通知，然后收钱了事。实际上这样的做法和态度不可能收到好的教育效果。因为有很多学生可能连为什么捐、捐给谁都没弄清楚，就"被迫"捐款，一次、两次还可以，多了心中就会产生怨言，把它看作一种负担，不仅没有增强爱心，还适得其反，以后他怎么会对社会所需的各种爱心捐助产生认同感？

如果班主任以培养学生爱心为出发点，而不是把它仅仅当作一个任务完成，对同学们阐释活动的意义，让学生首先对被捐助对象产生同情心（同情心是爱心产生的基础），继而形成认同感（认同这一事情的必要性和积极意义），同学们就会积极踊跃参加，而且这种情感体验会延续下去，在下一次活动中进一步得到强化。久而久之，爱心就会溶入学生的内心，即内化为一种自觉的意识，成为一种基本的道德原则，当他们遇到各种需要奉献爱心的事件时，决不会无动于衷。

我在班级工作中每次组织爱心捐助时都力求做到这一点。高一入学时，理科实验班的一位老师提出要我们班对口资助一位贫困生，虽说这并不是一定要完成的任务，但是我觉得这是一个很好的爱心教育的机会。于是我首先自己了解了一下这位贫困生的情况，和个别班干部进行了交流，然后要求班干部直接去和实验班老师联系，具体了解情况。在一次放学讲话中，我把实验班老师的建议提出来，同学们开始反响并不大，有的同学甚至流露出"我们也是学生，为什么一定要我们资助他"的情绪。看到这一点，我说："是的，我们为什么要资助他？请了解情况的干部同学介绍一下他的情况。"班干部把他所了解到的贫困同学情况做了恳切的介绍，特别还把他的生活状况和我班大部分同学的生活状况做了个对比。因为干部同学直接和实验班老师交流过，内心已经产生了强烈的同情心，所以介绍起来情感色彩特别浓厚，而且，由同龄人来介绍，比老师更有说服力。了解情况之后，大部分同学已产生认同感，由不情愿开始转为乐于资助。于是，我又提出一个问题：捐款是一次性捐还是每月定期捐助？开始同学们还有点争议，有一小部分同学想一次性捐了了事。我提醒学生：我们的捐助不应从我们怎么方便怎么捐来想，而是要考虑被捐助者的需要。通过大家讨论，最后确定，每月按时捐助，只要我们班级存在一天，我们就一直捐助下去。我看着学生，心中感到非常欣喜：且不管能捐助多少钱，只要有这样一个好的开端，那么，每一次爱心捐助就是一次爱心教育的强化，在这个过程中，会有多少爱心的幼苗在学生的心中破土、发芽、苗壮成长呀！而且，不用老师怎么去强调要团结友爱、要持之以恒，大家齐心协力、坚持不懈地去做一件

有意义的事情，并从中领会到许多道理，这个过程的体验，本身就是一件多么美好的事情啊！

第二，要对爱心捐助进行有效的组织和管理。

作为捐助者，他们乐于捐助的基础是出于对被捐助者的同情，目的是希望尽己所能帮助受困者，如果组织工作不到位，或经费管理不透明，使他们不能确定自己的爱心捐助起到了作用，就会感到受到欺骗，进而可能导致爱心的逐渐泯灭。所以，当爱心捐助发动起来之后，班主任切不可认为教育工作已经完成，还应注意组织管理的有效性。

首先，要确定一个由学生组成的管理核心。爱心捐助应由学生组织管理，负责组织的学生，本身应很有爱心，且有一定的组织号召能力，这样才能保证活动的有效进行。比如前面所说的对理科实验班的爱心捐助，我就交由班长和团实践委员两人负责。他们自己制订了时间表，组织收款，列好明细账目，向班主任汇报后，自行交款到对口班级。一年多来，一直坚持得很好，从未间断，工作做得有条不紊，很得同学的信服。

其次，一定要注意经费管理的透明化。这不仅仅是为了证明管理者的清廉，更多的是要加强学生的财政监管意识。确实，现今社会上有很多个人和单位打着爱心的名义进行腐败活动，作为捐助者，有权力也有责任杜绝"爱心腐败"，确保志愿者无私的捐助能够完全到达困难者的手中，这也是一个社会公民的基本意识。因此，我在班上明确提出，要求同学们进行监管，每一笔款项都由至少两位同学经手，必须有登记，交给对口班级或单位时必须有签字或收条，还要及时汇总，汇报给同学们。

这样的有效组织和管理本身就是一种教育的过程，这样，学生才会认同且自觉地追随。

第三，要建立合理有效的激励机制。

一般来讲，"献爱心"是不应求回报的，但是，作为教育者，要培养并强化学生的爱心，有效进行爱心教育，必须建立合理有效的激励机制。

如何才算"合理"，这涉及一个评价标准的问题。如果教育者仅仅以捐款数目的大小来衡量每一个同学的爱心，这是一种功利化的引导，危害是相当大的。首先，这样有可能助长学生的虚荣心，会有学生借扩大捐款数额来讨取老师的欢心、同学的羡慕，尤其是家境比较富有的学生；相反，会有一批家境不太富有但也尽力参加捐助的同学产生自卑感，要不就会用各种不当的手段获取钱物，增加所捐款项和同学攀比，要不就可能干脆消极对待，不积极参加活动。

如何才算"有效"，这涉及一个评价方式的问题。这里所说的"激励"不能等同于"奖励"，也就是说，不能因为某学生经常捐款捐物且数额较大，就给他一个荣誉称号，甚至发物质奖品以资奖励。这样做不但可能打击其他捐助者，甚至可能将本有意义的爱心活动变成攀比心、虚荣心滋生的场所，那就得不偿失了。结合我的体验，合理有效的"激励"可以有这样一些方式：

其一，通过受助者的反馈使学生感受到被需求的喜悦。

在一次班会活动中，我们请来了我班捐助的对象来和同学们见面。一来是想让同学们以他为榜样，学习他在困境中坚忍不拔、顽强学习的精神；二来是想通过见面，有意使同学们心目中的捐助对象具体化。事实证明，那一次见面给同学们留下了很深的印象，他的腼腆、憨厚而又执着使同学们产生了深深的好感，同学们在钦佩之余，更加觉得应努力帮助他。后来，因为不想使那位受助者产生过大的心理负担，我们没有再邀请过他，但是，在每年的教师节、元旦节，受助同学都给我们全班寄了贺卡。有一次，他在贺卡中写道："那一次与您和08班同学相逢，就如同昨日一般，在我心头荡漾。我真的要好好感谢你们，是你们赋予了我生命中一份特殊的爱，让我朴素的生活有如此坚韧的美丽，而我生命的根，将深深扎于其中……当有一天，我踏上人生新的旅途，蓦然回首，我会由衷地记起那个枝繁叶茂的春天，那刚进教室欢迎的掌声，将永远在耳畔回响……"当我在班上宣读这张贺卡时，我发现，很多同学的眼中有了盈盈泪光。

是啊，一次充满爱心的交往可以使原本陌生的班级、同学之间产生莫名的亲切感；一句轻轻的感谢就可以使人体会到付出爱的感觉是多么美好，这一切，都是因为有了爱！

其二，通过集体或个别方式进行表扬，使学生感到被同龄人肯定、被老师欣赏的喜悦。表扬首先应是面向所有参与捐助的同学，可以结合实际情况适当表扬数额特别突出的同学，但不宜过分渲染。对于某些家境不好但积极参与

的同学，从其自尊心考虑，不宜在班上公开表扬，可以采用个别的方式对其进行肯定和鼓励，同时，也可以明确告诉他们：献爱心只是各尽所能，尽心意而已，你尽你所能参与了，就是奉献了爱心，不用和其他同学进行攀比。总之，表扬的结果应是使同学们达成共识：富有爱心是一种美好的道德情操，人人都应具有；但不同的人处境不一样，在我们共同奉献爱心的同时，不要过多地苛求他人。

总之，真正合理有效的"激励"是指教育者要努力使学生感受到因为自己付出了爱心而被受助者需求、被同龄人肯定、被老师欣赏的喜悦，这一种积极心态是促进学生爱心形成的催化剂。

2. 在班级管理的方方面面融入爱心教育

以爱心教育为目标的主题活动固然能够起到很好的教育效果，但是，爱心教育决不可能一蹴而就，爱，应是"随风潜入夜，润物细无声"，随时随地、无处不在地滋润着孩子们的心田，它潜在于智育、德育、美育、体育等以及各种日常的活动之中。所以，班主任应重视在班级管理的方方面面融入爱心教育。

每年的体育节，都是一个爱心教育的很好时机。不管是在运动场上奋力拼搏的运动员，还是摇旗呐喊的拉拉队员、端茶递水的后勤人员、笔走龙蛇的宣传组员，班主任应该让他们认识到：不管做什么，只要你认真付出了，就是对集体、对同学们付出了爱，我们的集体会因每一个人的付出而更加优秀。

每一次外出活动，也是一个爱心教育的契机。班主任应教育学生：外出活动，要团结互助，爱护他人，不要让一人掉队、落单，要使每一位同学感受到集体活动的快乐；要学会欣赏自然的美，要爱护自然，保护自然环境，使之不因我们的到来而受破坏。

学习活动也能培养学生的爱心。在督促同学们认真学习时，要告诉他们，每一门学科都有它的美，文学的美、音乐的美、历史的美、逻辑的美。怎么去发现这些美？首先要爱这些学科知识，只有具备丰富爱心的人，他的审美感受才会最丰富；而当他真正体味到了这些学科的美，他的课堂收获才会最大。

班级的典型性事件，更是爱心教育的良好契机。本学期，除了杨娣的事情之外，还有一件事情，对我和我的学生，都是一个考验。大家应该还记得，去年的这个时候，肖晓辉老师在发言中曾介绍过他们年级一位叫李沙的同学患精神分裂症的情况，当时我印象很深。没想到本期开学，在教导主任的安排下，病后初愈的李沙走入了我们班级。担子压在肩上，我忐忑不安：怎样才能不辜负领导的信任，把这个孩子照顾好？怎样才能让李沙不再感到孤独、压抑，开朗自信地开始新的生活？怎样才能做好班上同学的工作，让他们能够接受李沙、关爱李沙，帮助李沙走出心中的阴影？为此，我把肖老师的文章翻出来看了又看，还特意和关心熟悉李沙的蒋向华老师进行了交流。后来，我采取了这样一些行动：首先，和李沙及其母亲接触，直接了解情况，也让他们对班主任有所了解，产生亲近感、信任感，为以后的教育工作奠定基础；其次，在开学第一天，让李沙做自我介绍，和同学们认识，引导同学们以掌声和笑脸接纳新同学；另外，因为不便在班上公开介绍她的情况，但考虑到如果科任老师和同学们都不知情，万一刺激了她，后果不堪设想，因此我找机会有意识地给一些班干部介绍了情况。在做了这些初步努力后，我发现，一方面李沙很快融入了集体生活，她把这个班当作了一个温暖的充满爱心的大家庭；另一方面，很多同学主动去关心她、帮助她，特别是在李沙因为病还没有根除，个性上有些特别的时候，同学们也能够包容她、鼓励她，这让我感到非常欣慰。

班级爱心教育的方式多种多样，只要班主任做有心人，及时把握教育的契机，就一定能获得好的教育效果。

二、要重视班主任的潜移默化作用

1. 班主任应对学生充满爱

苏霍姆林斯基曾说过："教育的技巧和全部奥秘，也就在于如何爱护儿童，高尚纯洁的爱是教师和学生心灵之间的一条通道，是开启学生心智的钥匙，是点燃照亮学生心灵的火焰。"法国思想家卢梭也曾经说过："凡是教师缺乏爱的地方，无论品格和智慧都不能充分自由地发展，只有真心实意地去爱学生，才能够去精雕细琢地塑造他们的灵魂。"

爱心教育本身就是灵魂的塑造，是心灵与心灵的碰撞。要想使学生充满爱心，教师必须对学生充满爱，且要乐于把爱奉献给他的学生。只有对学生充满爱，让学生获得精神上的幸福，教育者才有可能从学生那儿获取被爱与尊敬的

幸福。

2. 班主任应积极参加各种爱心活动

要对学生进行有效的爱心教育，教育者本人的言传身教，起着相当重要的作用，且"身教重于言传"。正如孔子说："其身正，不令而行；其身不正，虽令不从。"有的班主任老师，将各种捐助活动对干部同学一交，自己对此不闻不问，也从不参与。试想，作为成年人的我们都如此麻木不仁，又怎么教育学生乐于奉献、勇献爱心？所以，在各种爱心活动中，班主任应该既是组织者、引导者，也是积极的参与者。我在班级组织的大大小小的爱心活动中，都和同学们一样，积极捐钱捐物，不仅带动了学生，也鼓励了学生，溶入了学生。

三、取得家长的支持

现在的学生，很多都是独生子女，家庭经济相对宽裕，生活和学习条件较好。但由于孩子在家庭中的地位独一无二，往往会产生一些教育偏差：父母和祖辈的溺爱娇宠，容易使孩子变得自私，凡事先考虑自己的利益得失，从不知为他人着想；长辈的百般袒护，不加约束，导致孩子在家中任性骄横，走入外部社会也不懂得关爱、尊重别人；孩子没有兄弟姐妹为伴，容易形成孤僻、缺少热情的个性倾向；家长有的本身素质不高，或过于重视孩子的智力开发和知识技能的学习，在孩子做好事奉献爱心时，经常会说出"关你什么事"之类的话，打击孩子献爱心的热情。要对学生进行积极有效的爱心教育，取得家长的支持是非常有必要的。

1. 通过家长会对家长进行宣传，家校间达成共识

家长会是班主任和家长交流的一个重要途径。在高一第一次家长会上，我就对家长说：我们教育的目标是全面提高综合素质，使每个学生终身受益。素质教育是以人为本的教育，内容非常广泛，我希望家长们在重视子女的学习成绩的同时，还要特别重视爱心、创造力、自我心理调控力这三种素质的培养，因为这是孩子以后成长为社会良好公民且能够适应现代社会竞争的最基本的素质。开学以来的每一次家长会，我除了介绍学习成绩，还将平时观察到的学生的积极助人行为提出来进行及时的肯定和表扬，使家长也因为自己的孩子是一个有爱心的人而感到骄傲；同时，还将每一次捐助的情况在家长会上汇报，及

时反馈捐助活动的意义和基本原则,使家长能够积极支持学生参与爱心活动。前面所述给患癌症的杨娣同学的捐款,40多位同学共募集了捐款近5000元,这和家长的支持是绝对分不开的。

2. 通过个别交流,给予家长教育方法上的指导

相比家长会,个别交流更有针对性。我班有一位男生,家里是单亲家庭,妈妈一人抚养他,负担可想而知,但是孩子在家非常任性,对妈妈态度很不好,他妈妈经常打电话来反馈这种现象。我一方面做学生的工作,让他了解这种个性发展下去的不良后果,希望他能做一个懂得爱的孩子;另一方面在电话里开导他妈妈,告诉她要在家庭中营造一种和谐的充满爱的精神环境,强化孩子的正确行为。经过一段时间的多方努力,他母亲欣喜地发现孩子变得理解大人、心疼妈妈了,特别欣慰。

以上就是我关于爱心教育的一些思考和尝试。人常说,教师就像一根蜡烛,燃烧自己,照亮别人,让我们共同努力,在每个学生心中点燃一盏爱之灯,让爱心照亮我们的精神家园。相信因为有爱,孩子们的心灵会变得更美好;因为有爱,我们的教育事业将永远充满勃勃生机;因为有爱,我们的社会、我们的世界会变得更加和谐。

(黄雅芩老师在湖南师大附中德育工作年会上的讲话)

发现·支持·鼓励

2013年元月15日,应宋晗同学之邀,在我办公室谈心。孩子很郁闷,他一个人孤独地努力着,可成绩不见长进。正巧另一位同学朱彦成到办公室串门,我将朱彦成给我讲的例子"奉献"给宋晗:朱彦成的爸爸每天下班就坐在茶馆和朋友聊天,朱彦成的妈妈每天为单位操劳,但他父亲的效率高多了。借这个例子,我劝宋晗同学,多和同学交流,多吸收同学们好的学习经验和方法,效率将更高。这时,朱彦成冷不防说了一句:"张老师,我讲我父母的例子其实是说给你听的,你大部分的时间都是独处,不向其他人学习,你教书育人的方法和效率都会有问题。"我愣了,是该学习该交流了,谢谢学校,谢谢主持人给我这个交流机会。

我是一个理想主义者，我坚信我们的国家一定会建立起一个相对公平的、诚信的、法治的、民主的社会。在这种社会中，具有优良品格如仁爱、宽容、正直、谦虚、诚信、坚忍、乐观等的人在能给自己的生活带来幸福与欢乐的同时，也能给未来带来光明。

但我们孩子的生活中到处都是对社会的抱怨声，耳濡目染的是社会不公平。

我们的教育和社会、家庭的浸染似乎产生了不可调和的矛盾。我的内心告诉我，现阶段我也许不能改变孩子的思想，不能改变社会，至少，我可以影响到他的内心，他可以在内心去认同我，也许将来通过他们可以影响到更多的人。

我希望孩子大方、有爱心、善良。每学期开学，我必定捐班费100到200元，每次校团委捐款，我知道后，一定马上捐。我后来发现，其实根本不用我教，学生本来就很有爱心、善心。为了救助受灾的孩子，2011年3月，全班五十多人到火车站冒雨义卖报纸，是当时全校参加人数最多的班级，而且学校自编的报纸《湘涛》报都被他们用5元钱一份给卖了；2011年7月25日，全校静校15天后，我们高一20班已经拆分了，学校组织了全省生物骨干教师培训，需要学生回校参加展示课，44位同学从怀化、湘西、常德、永州等地穿着校服来校上课了；杨珺怡同学的奶奶陪读，每天她一定会叮嘱奶奶过马路要小心；廖玉轩的妈妈身体不适，女儿整晚陪护；张一健等同学每天为全班同学准备纯净水；2011年11月份，另一个班两个学生闹矛盾，其中一个学生用开水去伤害另一位同学，误伤了我们班的陈梓健同学。陈梓健从医院回来，我主动跟他说："你把医药费的单子给我，我去找那个学生。"陈梓健回答："为什么？他又不是故意的。"把孩子们的善意、爱心、大方细细思量一下，我更坚定理想了，我联想到，俞敏洪能把在美国的王强请回来的原因不正是他为寝室室友打了四年开水吗？

我希望孩子们正直、公正。能坚守信用的孩子是能为自己赢得他人的信任且能成功的。我个人坚守要孩子讲信用，我先重视自己的承诺，"考试考0分是可以交差的，舞弊是无法对我交差的"，于是，我从不公布成绩；我个人坚守要孩子正直，自己先正直，所以一切请我调整座位的父母希望都落空，可能还在家受到自己孩子的批评；本学期新来的一个学生迟到了，请我写张条，说明他生病了，免得班上被扣分，我没有写，因为我看到的是迟到这个事实，迟到就应该受到年级处理，至于生病这一理由，我相信他，但和迟到是两个应该分开处理的事件，其实我想训练孩子们的是非观念，希望他们遇到抉择时，能做出更恰当的选择；在语文默写比赛时，我们班陈洲洋同学语文书是摊开的，试卷盖在上面，我默默地看着，只要他把试卷挪开一下，我将彻底改变对他的看法，可直到交卷，才让我长舒一口气："你是个正直的人。"全班为他鼓掌了。我们的鼓励和支持对让孩子成为一个正直的人何其重要。也许比正直的心更可贵的，是一份正直的勇气，这是我下一步想培养孩子们的，当然我也很重视自己的勇气，我个人对学校事务的一些看法会直接找领导当面谈，绝不在背后去说。

我打心眼里希望每个孩子们受到尊重，生活在民主环境中。因此军训期间，我班的优秀个人不是我评的，孩子们个个都认真，没有必要打击大部分人，于是抽签看谁运气好；我班最开始座位的安排也不是我安排的，而是看谁来得早，抢的；我班的班干部也不是我安排的，想做什么就当场告诉大家，于是就做什么……于是我发现我班的班干部尽职尽责，教室气氛融洽，慢慢地他们自己做班服，自己组织演讲，自己组织元旦节目排练都不通知我了。不过，我们的民主是建立在有责任感意识的民主基础上的，对自己负责、对家庭负责、对社会负责是进行民主活动的基本出发点。纵观我班的"抢"座位，几乎没有为了讲话坐一起的，大家对自己学习尽责任；再如，学校因天气寒冷暂停冬季长跑时，我班就民主投票决定利用课间操锻炼身体，对自己身体负责，我班孩子在学校未组织跑步期间继续跑步或打球。

陈玲老师告诉我，她在我班上讲美国成立那部分历史时，提到华盛顿在开会时，一定会充分听取不同的意见时，我班的学生在下面起哄："那是张鹏。"这里面有个故事，去年分班之后，班级出现了两种完全不同的生活态度，交锋严重。原来的20班特别静，学生也特好学，课间要么做题，要么问问题，新20班融入大量的新鲜血液，不乏很多传奇人物，如悠悠球的中国冠军、各种社团积极分子，特别好动。于是班里出现了两派，双方看不惯，都来争取我的支持。我只是听，只是等。刚好第一次月考来了，我们班考得差得不可能再差。交锋的一方原20班的部分学生在我的授意下，尽可能团结了广泛的同学，包括另一方的最活跃分子，一起开会，开展了一系列的具体工作：先重新民主安排座位，后一个一个有责任感的声音每天站起来向大家演讲。大家逐渐更好静了，课间学习气氛浓了，晚自习后晚晚自习的人特别多。任课老师也告诉我找到一些原20班感觉了。学生们的成绩也有了大的进步。成绩进步了，用安静的心去学习的人更多了。我们20班正月初八教室就有人自习了，春节期间还有学生在省图书馆自习。我真切地认识到有责任感的民主是进步的阶梯。

讲完这些，我继续反思，孩子们的爱心、善心、正直、有责任感是我培养的吗？不是！是他们每个人本来就具有的，要说培养也是他们原来的老师和家长培养的。作为班主任，我总要做点什么，我觉得他们需要的是我去发现他、支持他、鼓励他。

（张鹏老师在2013年长沙市一中德育工作年会上的讲话）

千回百转，爱启心锁

随着社会的发展和教育水平的日益提高，素质教育正在如火如荼地进行着。但是随之而来日益增多的中学生行为问题也随着素质教育的深入浮上了教育的前线。例如：中学生厌学、逃学，压力过大造成的学习焦虑、失眠，学生的叛逆心理等。素质教育要上一个台阶，学校作为实施素质教育的大舞台，自然有义务承担起学生行为问题的矫正工作。然而，这项工作任重而道远。

分析自己多年的班主任工作实践，我认为，矫正学生的行为问题和养成良好的行为习惯是相辅相成的，互为前提，它是班主任的一项光荣且艰巨的任务。班主任只有对学生充满爱，才能在教育的过程中经受得住学生反复对你这个班主任的考验。班主任不放弃、不抛弃，相信坚持就是胜利，对学生出现的问题具体分析，冷静思考，就一定能找到教育的切入点，因材施教，用智慧与爱心找到解决学生行为问题的路径。

一、正确引导，细心观察，找到教育的最佳切入点

记得在担任259班班主任期间，我发现我班的张伟同学从开学以来一直都精神不好，一天到晚无精打采的，而且人也特别瘦。我开始一直认为现在这孩子住校了，又正是长身体的时候，可能是营养没有跟上。上我的课他又非常认真，我也就没有太在意。可是这种现象越来越严重了，他一下课就趴在桌子上，有时课间操时间还请假不去做操。我感觉这孩子有些不正常了，是身体真出了问题吗？我找任课老师了解情况，任课教师反映他上课经常打瞌睡，而且坐直了也能睡着，有时还叫不醒。这令我大为吃惊。这孩子平时表现还可以，成绩处在全班中上，而且他生活自理能力很强，每天很早起床，说话也很乖巧，为什么会这样呢？我开始注意观察他的言行举止和他平时的活动情况，并找到他的老乡了解情况。老乡说他是个小说迷，从小学四年级开始就上瘾了。有一次上数学课，他坐在后面看课外书，数学老师没有发现，我从后门进教室把他的武打小说没收了。课后我了解到他经常到学校周围的一些小书摊租大部头的武侠小说看，有时候自己没有钱了，就呆在那些书摊前看一下午，有时还会打着手电筒看通宵，甚至连饭也不去食堂吃，直接叫外卖；同时，我还了解到他这个星期向数学老师借过200元钱等情况。我赶紧和其父母取得联系，结果吓我一跳，他一个月要用900多元钱。他的家庭情况特殊，母亲与其亲生父亲离婚后，带着七岁的他改嫁。这孩子小时候非常聪明，长得英俊帅气，母亲为了让他在现在这个丈夫的心中有好印象，从小就教育他犯了错误就不要跟继父讲，成绩单也改了后才告诉继父，因此他从小就嘴巴很甜，能八面玲珑，他找亲生父亲、亲生爷爷奶奶和继父及继父这边的爷爷奶奶都能要到钱。尽管他们都不是很富裕，但对他都非常慷慨，因为两边就这个男孩，而且，家长也都知道他沉迷于武侠小说不能自拔。初三的时候继父就不让他读书了的，后来是他母亲和他一起说服继父才让他进了我校。我还不能将他在学校仍然看小说告诉他继父，否则他的家庭又会有一次大风暴。我想张伟的家长都已经无能为力了。在我了解情况的一周里，我又多次没收了他好几本武侠小说。

为了教育好这个学生，我在一年多时间里想了很多办法。首先，我有的

放矢地找他谈话。开始时我并没有批评他，只是说："张伟，你这一段表现怎么样？"他对我说："老师你认为爱看书是缺点吗？"我说："爱看书不是缺点，你平时喜欢看些什么书？"他看我没有批评他，就谈起自己从小学四年级开始就特别喜欢看武侠小说，而且很舍得投入。只要有小说看，他可以不吃饭、不睡觉，因而成绩在六年级时一落千丈，初三时由于害怕继父的处罚，他稍微控制了一下，因此成绩也就马马虎虎，考了19分（1A2B2C），因此就进了我们学校最好的班级。他说："老师，我其实还是很想考大学。"我就说："这说明你很聪明，也说明你看武侠小说会荒废学业。凡事都要有度，你进财职后你有自己的奋斗目标，想考大学，这说明你长大了，但考大学与沉迷于武侠小说是矛盾的，如果自己的爱好与自己的奋斗目标有矛盾时，要放弃爱好，要让爱好为自己的目标服务。你看了那么多的小说，可写文章时还是没有东西写呢？你没有看过一本中外名著，我推荐几部特别好看的书给你看，不需要出租金的。"我从自己以前买的一些书中选了几部推荐给他看，如《三国演义》、《战争与和平》、《红岩》、《钢铁是怎样炼成的》，等等。我还告诉他，只要他能按照老师的要求上课不看，在遵守正常作息时间的情况下看，我以后还借书给他。我还把自己读大学时看过的书及读书的笔记拿给他看。我说，其实爱看书不是缺点，关键是你看的什么书，什么时间看，为啥看这些书，你想过吗？

其次，为了教育转化他，我努力寻找他的优点。我发现他很有号召力，而且和同学们的关系也不错。我以他早晨起床早而寝室里其他男生都喜欢睡懒觉为由，让他当副寝室长，每天叫寝室成员起床，同时要求寝室评比的得分情况直接和思想品德评价联系，如果寝室里有一个违反纪律的大家都不得加分，这样，对他就有了一定的约束。上课不能看了，就寝后也不能打着手电筒看书了，但周末他还是去租武侠小说看。为了彻底地帮助他，我平时以了解情况为由，有意无意地找他。一段时间后，他对我已经没有了戒备之心，认为我很信任他，这时，我们就开始谈一些住宿生周末活动情况。有一个周末我到寝室去，看到他一个人趴在床上看小说，床头还有好几本武侠小说。看到这一情况我把他从上铺上叫下来，坐在一起谈我读高中和大学时也喜欢看小说，但不是这样的，我对他看的小说进行分析，很随便就从这些书中找出好几个错别字和几处语病，并告诉他青少年要看健康向上的书，否则会影响自己的前途。我把自己的一套《战争与和平》又借给了他，并和他达成协议，以后要看课外书，王老师帮他借。为了彻底帮他戒掉看武侠小说的瘾，我平时一有时间就到寝室找他，了解他的情况，和他聊"三国"，聊"论剑"，聊"钢铁"等。我在肯定他的进步和优点的同时，也提出了希望，希望他好好学习、俭朴节约，不要把时间和精力耗费在武侠世界里，应多花时间在学习上，学好专业文化知识，来报答父母。为此，我还运用合作教育的策略，一方面引导他多为班集体服务，把宿舍管理好，另一方面，我将他们寝室的几个同学召集起来，希望他们共同帮助张伟。一段时间后，他还真的看完了《战争与和平》，平时还向我借一些中外名著，寝室里的同学都说他不怎么看武侠了。我发现他经常不吃早餐，就常常把自己带的牛奶、鸡蛋给他吃，告诉他不吃早餐的危害。一年过去了，我再也没有没收过他的武侠小说了，尽管他还是喜欢看课外书，但都是一些很有意义的、健康积极的书了。可是高二的第一学期开学的第一周内，我两次在上课时间没收他的手机。开始我并没有多想，认为只是与同学发信息聊天而已。可当我发现他又在用手机上网看武侠小说时，也很失望，我想这孩子咋就这样屡教不改呢。我找他了解情况。他告诉我，放假时他父亲给了他一部手机，一个假期就在家里用手机上网看武侠，很是过瘾，本想开学后就不看了，可就是管不住自己。我马上说，那你就让王老师来管你好了。他犹豫一会后说，那老师你怎么管？我说：你写一个委托书给我，请我帮你保管手机，会计证考试后，老师再还你。他想了想说，我每周五要给爸爸打电话，那怎么办？那你就周五来拿手机，周日再还，但如果周末你还看，那下周五就不能将手机给你了，我本来一直答应过全班同学，你们犯了什么错误，我不向家长告状的，那这一次要破例请家长了。你说行吗？这次他听到要请家长，有些紧张，因为他的继父只要听到他在校表现不好，就打他，而且还说不送他读书了。于是，他马上就同意了，并将委托书与手机一并交给我。开始两周他周五周六的晚上通宵用手机看了武侠小说，我知道后就一直没有把手机还给他，周五放学时让他给家里打电话，然后就又将手机收回。直到高二考完了会计证，他的成绩估计还很不错，我就将手机还给他了，我想他应该能管住自己了。经过我的耐心疏导、不懈努力，不抛弃，不放弃，张伟同学有了很大的进步，学习成绩也有明显

提高，关键是对学习有了浓厚的兴趣。高三参加对口高考，他考了605分，上了本科，被湖南工学院录取。

二、有教无类、因材施教，达到心与心的共鸣

学生的性格、爱好、家庭背景千差万别，学生的思想形态也是多层次、多元化的，从而形成学生不良行为习惯的原因也千差万别。班主任不应对他们抱有偏见，甚至歧视，而应对他们付出更多的爱心，一定要根据不同情况，理解其性格特点，展开心与心的交流，以达成共鸣，这样才能找到合适的有效的教育途径。

2010年9月的一天，来自湘西的19岁学生王超在家里没头没脑地说了一句："哼，这次要搞就搞一回大的。"王超的妈妈无意中听到这句话后，在例行的向我报平安的电话中说起了这件事。

对于王超的情况，我是非常了解的，因为最初报到的时候我没有收他，后来他还是因为某些原因进了这个班。这个孩子从小就失去了父亲，初中毕业后在社会上流浪了两年，个性很倔，先后练过三截棍、跆拳道等武术。他的生活自理能力很强，平时闷声闷气，但讲义气，好打抱不平，是一个很有主见的孩子。他在家里有较高的"权威"，他母亲基本上管不了他，他的事情就他自己说了算。他原本是和妈妈一起来长沙打工的，可多次找工作失利后，就想学点知识与技能，听亲戚朋友说长沙财经学校很不错，既可以选择就业，又可以参加对口升学，于是就来到了我们学校。入校后，我发现他很少与同学交流。我从他的家庭联系本上也没有得到有用的信息。有一次周五放学后，我在办公室看了一会作业后回家，刚出校门不远，就下起了大雨，我于是又往回走，走到校门口时，正好遇到了王超。我就问他怎么还没有回家，他说他今天不回去，晚上要到火车站去接弟弟回家。他见我上气不接下气的样子，就问我跑回来有什么事。我说担心教室的窗户没有关好，要爬到四楼去关窗户。他于是说，王老师我去关吧，你快回家休息。我当时很感动，但我还是和他一起去了教室。因雨越下越大，我又不是急着回家，于是想正好和他聊一聊。我问了他在社会上混的那两年的经历。他谈的较多，感想也多。但我发现他的一些想法有偏差。他认为只有身体强壮别人才不会欺负你，他之所以爱好练武也是这

个原因。他说，在学校里只要别人不惹他，他不会去招惹别人的。我和他一起讨论这个话题，我把自己的看法和他交流了，但我能感觉得到，他根本就没有认同我的观点。我问起他的弟弟及家里的情况，他都不怎么愿意说，我也就没有仔细问了。雨停了，我和他一起去了超市，但他没有买什么东西，只是这里看看，那里看看。他拿起一瓶洗发水看了又看，放下后又拿起来再看，我想他是觉得商品太贵了吧。我就在他不注意时把洗发水放进了购物篮里。结完账后我把这瓶洗发水送给了他。从超市出来后，他说他赶着去接弟弟。他弟弟是残疾，在一次车祸中父亲死了，弟弟的一只眼睛也没有了，这次来长沙是为了做整容手术。他说他从不和任何人说起他的家人，他父亲死后，他就是家里的当家人。他认为由于母亲的懦弱，才导致父亲死后，叔叔霸占了父亲与叔叔共同办的一个木材加工厂，他心里一直都记恨自己的亲叔叔。这一次我了解到的情况对后来的教育非常有用。由于家境特别困难，他平时生活节俭。有几次我去查寝，发现他的床铺整理得很好，干净整洁，与其他几个床位形成明显的对比。这个寝室住了9个男生，只有他的衣柜上了锁。我当时没有在意，后来同学们告诉我，他的柜子从来都不让人看，据说里面是商品。他的母亲在一个远房亲戚家做保姆，那家人的孩子在国外工作，平时就只有两位老人在家，他周末也会去那里住。不过，他每次都是周六的早上就回学校，有时还在校园里或是在外面兜售公用电话卡、小饰品、小零食、学习用品等，我都是睁一只眼闭一只眼。同学们向我反映这些情况，我还做好其他同学的工作。我觉得这孩子不容易，有时周六还叫上他一起吃饭。国家、学校的困难补助班上同学都会评给他。

我仔细地想着王超说的这句话，并根据这个孩子过去的一些表现和他的性格特点进行分析，预感到他可能要出事了。我一晚上都在想怎么解决王超的问题，

第二天也就是星期六一大早，我6点不到就守在了校门口。直到10点多钟的时候，王超终于出现在校门口了，映入我眼帘的是他背上那个比平时明显要重得多的书包。和他打完招呼之后，我就说有事请他帮忙，把他叫进了传达室。在他坐下之前，我很自然地帮他将书包从背上取下来。我发现他的书包很沉，于是对他说：书包怎么这么重啊？里面放了什么，是进了新货吗？老师可

以看看吧？见我这样问，他的脸上立即表现出慌乱的神情。虽然极不情愿，但他书包里面的秘密最终还是让我发现了，原来是三把明晃晃的新菜刀。见此情况后，我的心立刻悬起来了。我强压住自己的紧张与惊讶，就说你一定还没有吃早餐，老师我也没有吃，我们就早餐中餐一起吃了，我把王超请到学校附近的一家叫杨裕兴的面馆，点了两个煲仔饭，一边陪着他吃，一边慢慢与他聊了起来。一聊才知道，性格强悍的他认为有几个高年级同学羞辱了他，还多次拿了他的东西没有给钱，他要找他们出口恶气。我就晓之以理，动之以情，与他一起探讨做人的道理、处事的原则，还讲了一些法律知识。我还把自己以前当班主任时的一个真实的故事讲给他听：我的那个学生后来辍学了，起因是这个学生的家长与邻居为了一件很小的事情，发生矛盾，开始只是争吵，但双方都不示弱，你推我搡动起了手，结果这个学生的家长一时冲动没有控制自己的情绪，操起身边的一把铁铲就扑过去，铁铲正好击中了邻居男主人的后脑，这个邻居还没有到医院就没命了，你可以想象得出来，这件事对这两个家庭带来的后果。今天你请外面的同伴和你一起去找高年级的学生出气，你想过后果吗？你一旦有什么事，你的母亲、你的弟弟他们怎么办。经过几个小时的劝导和心与心的交流，我终于打开了他的心结，他意识到今天自己的行为的危害性了。最后看着他脸上露出了难有的笑容，心情轻松地回到了教室，我因紧张而悬着的心才放下来。当天晚上，我收到了他的信息：王妈妈，今天，您让我明白了很多连我母亲都没有和我讲过的道理，谢谢了。看到这样的信息，我体会到了做教师的幸福。从那以后，王超像变了个人一样，他的学习与生活都走上了正轨。高三时他选择了对口，2011年参加高考，他以611分的成绩考进了湖南农业大学。

从上述的案例，我们不难发现，要矫正学生的问题行为，必须先了解它的成因，这样才能对症下药。行为问题在中学时期是高发期。青春期的中学生，可塑性极大，成人感的出现使他们独立地接受周围人的价值观念，学习他所认同的社会行为方式，这是积极走向社会、渴望成为社会成员的表现，但他们缺乏是非识别能力，加上自我行为控制能力较差，极易沾染社会恶习，成为有不良行为品德的问题学生。因此我们班主任就要做到：对学生违纪行为纠正的坚决性，对学生不良习惯纠正的持续性，对学生学习要求的严谨性。一定要把握好一个度。

三、不断关爱，反复施教，用爱开启心锁

"爱"是教育的本质，又是教育的出发点和归宿点，更是班主任教育存在行为问题学生的前提和基础。矫正学生不良行为习惯的过程中应坚决杜绝任何形式的体罚、变相体罚和歧视纠偏对象等不正当教育行为。每一位班主任都应该成为这些孩子的亲人和知心朋友，要在如何使学生感受到你的"爱"上下工夫，寻找感化学生的最佳途径和方法。

我班有个学生叫韩旭，家住张家界地区的一个山村里，自小母亲去世。她是一个女生，但是进校时她的服饰和打扮都很另类，俨然一个不折不扣的男生。刚来校不到一个月，她就打了两场架，上课迟到、大喊大叫、旷课，更是家常便饭。我既同情这个家境困难的学生，从各个方面关心和爱护她，又恨铁不成钢。每次我与她谈心，道理讲了一箩筐，她口头答应得很好，但不出一天，又出现这样那样的问题。不管老师如何教育她，她都屡教不改。她头脑灵活，但自控能力差，上课随便插嘴、讲废话。我及时与她的家长交流，了解到她的家庭环境比较特殊。她的父亲常年在外面跑长途送货车，很少回家，继母开一家小杂货店，每天都很忙碌，没有时间和精力去辅导和关爱她。从与她继母的谈话中了解到，她从小就像男孩子一样，调皮好动，经常说谎。作为继母，不方便经常深说或者惩罚孩子。也许她有她的难处吧，我并没有多问。我又与她的父亲取得了联系。她父亲说他常年在外，平时这孩子都是母亲管教，现在就全交给我了，让我教育帮助她。我细心地观察发现，她有很强的"人来疯"气质，有着极强的表现欲望。人越多越来劲，越是有人关注她，她就越有表现的欲望。如在最安静的课堂上她小声唱歌，没人理她，她唱几句就会自然停止，但只要有人注意她，她就会马上开始兴奋，唱歌声音开始上升，而且表情自我陶醉。她有很强的以自我为中心的个性。如她想做什么就做什么，不考虑行为是否合适或是否影响到了其他学生。别人的东西，一旦她看上了，就抢来玩，还不主动归还，找她要还被挨骂。有一天，我正在办公室批改作业，班上的同学跑进办公室，急切地说："老师，不好啦，不好啦，韩旭和计算机老师打起来了。"我心里一紧，计

算机老师是一个女老师，怎么会和她打起来呢？我赶紧跑到机房，只见她和计算机老师扭打在一起。我大声叫韩旭住手，她才停了下来。计算机老师非常气愤，当着同学们的面说："王老师，这样的学生要马上开除，否则我不会再上你班的课了。"我没有回答，把韩旭带到办公室。她一副不服气的模样看着我。我给她搬了一张凳子，要她坐下来，还是一如既往地对她动之以情、晓之以理，从她的家庭背景、她的未来人生，分析她的优点与长处。韩旭被我感动了，她说，老师，我错了，刚才我在玩游戏，被计算机老师发现后，老师批评我，我就骂了老师，老师叫我去教育处，我不去，还推了老师，我犯了如此大的错误，而您还是对我如此的宽容。当天晚上我找到计算机老师，告诉她，韩旭是单亲家庭，从小母亲去世，父亲再婚后又有了一个男孩，所以她是一个没人管教、习惯差，又非常自卑的孩子，请计算机老师原谅她的错误，给她改正的机会。计算机老师对这孩子也很同情，她说，我也教了近二十年书了，第一次遇到这样一个学生，我当时也是气疯了。第二天，我带着韩旭找到了计算机老师，她诚心诚意地向老师道了歉，承认了自己的错误，最终老师原谅了学生犯的错误。这以后，我想她应该会改变了吧。

没想到不到一个月，星期五下午，我上课的时候她在听MP3，而且非常投入，摇头晃脑的，还跟着哼起来了，我当时十分的愤怒，一下子就扯下她的耳机，把她的MP3没收了。放学后，我问她，你怎么上课去听歌呢？她理直气壮地说："我是借的同学的MP3，下课后同学就要拿走了，那我就只好上课听了。"我当时气得脑袋好像短路了，不知该怎么教育下去了。放学后我把她带到自己的家里，给她做了一顿比较丰盛的饭菜招待她，并和她聊了很长时间。我们聊人生，聊同学。我把儿子读书时的故事和我自己读中学时的人生故事与她分享。她问我，考大学是否很难。我说只要确定了目标，并且坚定不移去努力，不是很难的。她听了后特别高兴，问我：老师你说我能考上吗？我说你只要从现在开始努力学习，跟着老师走，不懂的老师帮你，一定没问题。我还给她提了一些她能够接受的建议，并希望她成为一个严格自律的人。离开时，我送了她一套文具。后来我在她的作文中了解到，她在返校的途中，内心充满感动，老师对她不离不弃的爱，让她觉得自己不是一个没人要的孩子。一路上，她暗自下决心，一定要严格要求自己，努力学习，绝对不辜负老师对她的殷切希望。自那之后，她时刻告诫自己，上课要管住自己的嘴，不乱讲话；管住自己的手，不打人；管住自己的心，上课专心听讲，不懂的地方课后打破砂锅问到底。我还利用中午休息时间为她补习专业课。为了让她增强自信，满足她的表现欲望，我在后来的几次班级活动中，让她表演节目，或邀请她担任主持，教育她展现自己也要看场合，否则就是卖弄了。一分付出，一分收获，韩旭的表现有了明显的进步，特别是言行举止规范了许多。我还建议她把头发留长扎起来，让自己成为窈窕淑女，她答应了。高三摸底考试她考了班级的十六名，年级的五十八名。所有认识她的老师和同学都说她变了，变成了能约束自己的行为、遵守纪律的学生了。2011年高考时她考了608分，上了二本线。

从这个案例，可以看出学生存在的许多问题行为，与家庭教育的缺失、父母的关爱太少分不开。这些孩子在班主任老师爱的关怀下，通过细心的、耐心的持之以恒的教育和培养，是能够改掉不良行为习惯，养成良好的行为习惯的。但这是一个艰难的过程，班主任要付出满满的爱，要有锲而不舍、百折不回的精神。

我曾经听到过这样一个故事，说有个孩子对一个问题一直想不通，为什么他的同桌想考第一，一下子就考了第一，而自己想考第一却才考了全班第二十一名，回家后他问道："妈妈，我是不是比别人笨？我觉得我和他一样听老师的话，一样认真地做作业，可是，为什么我总比他落后？"妈妈听了儿子的话，感觉儿子开始有自尊心了，而这种自尊心正在被学校的排名伤害着。她望着儿子，没有回答，因为她不知道怎样回答。

又一次考试后，孩子考了第十七名，而他的同桌还是第一名。回家后，儿子又问了同样的问题。妈妈真想说，人的智力确实有三六九等，考第一的人，脑子就是比一般人的灵。然而这样的回答，难道是孩子真想知道的答案吗？她庆幸自己没有说出口。

应该怎样回答儿子的问题呢？有几次，她真想重复那几句被上万个父母重复了上万次的话——你太贪玩了，你在学习上还不够勤奋，和别人比起来还不够努力，等等，以此来搪塞儿子。然而，像她儿子这样脑袋不够聪明，在班上成绩不甚突出的孩子，平时活得还不够辛苦吗，所以，她没有那么做，她想为儿子的问题找到一个完美的答案。

　　儿子小学毕业了，虽然他比过去更加刻苦，但依然没赶上他的同桌，不过与过去相比，他的成绩一直在提高。为了对儿子的进步表示赞赏，她带他去看了一次大海。就是这次旅行中，这位母亲回答了儿子的问题。后来，这个孩子再也不担心自己的名次了，也再没有人追问他小学时成绩排第几名，因为他以全校第一名的成绩考入了清华大学。

　　故事中没提到母亲的答案是什么，给我们留下了个性的想象空间。我想母亲的答案一定很完美！故事没有给我们一个清晰的教育思路，但也能给我们一点启示：班主任无论面对什么样的教育问题，都要有寻求"完美答案"的精神。只要我们这样做了，或许教育效果不一定好，但至少不会伤害学生。只要我们这样做了，或许我们不一定会成为好班主任，起码我们不会平庸。

　　　　　　　　（王朝霞老师在2013年暑期长沙市优秀班主任培训中的专题发言）

第二节 教育的个性与特色

创建班级特有文化，凝聚团队发展力量

新一轮基础教育课程改革将使我国的中小学教师队伍发生一次历史性的变化，这不仅仅是换一套教科书，而是一场教育观念的更新，人才培养模式的改变，是一场涉及课堂教学方式、学生学习方式以及日常教育管理等全方位的变革。每一位教师都将在这场变革面前实现新的"蜕变"、新的跨越。新课程倡导新理念，强调教师要有创新精神，用新理念做创新教育。正如一位专家所言："没有创新精神的教师，岂能培养出有创新精神的学生。"

社会学研究表明，凡有人群的地方都有自己的文化，每个社会群体或社会组织都是一个文化共同体。作为一个小社会的班集体，也有自己的一片天空，如何挖掘这样一个小社会的文化内涵，从文化的角度去看待一个班集体的形成，是摆在课改背景下每一位教育工作者，尤其是班主任面前的，值得思考与研究的重要课题。用文化的眼光来看班级教育，那么学生的发展、班集体的形成都是一种文化现象。班级教育作为文化传承的一个重要途径，其实，归根结底也是一种文化，这种文化是班级全体成员在教育教学活动中创造出来的特有文化。

对"班级文化"的界定，目前还没有定论。我认为，所谓"班级文化"，是指依托并通过班级这个载体来反映和传播的文化现象，是指班级内部形成的、具有本班特色的、所有成员或部分成员所共有的独特的价值观、思想、精神和行为准则等的总和。

一、班级文化建设的定位与明确的导向性

班级文化是一个抽象的概念，其作用的发挥必然要借助一定的载体，通过一定的形态得以表现。本人认为，班级文化的表现形态分为：以班级形象、目

标、班风建设为主要内容的班级精神文化，以学习形态及学风建设为主要内容的班级学习文化，以组织形式与制度建设为内容的班级组织文化，以教室、寝室的学习、生活环境建设为主要内容的班级环境文化；班级文化的主要内容包括：班级形象、班级精神、班级凝聚力、班级目标、班级制度、团队意识、班级文化活动等，其主要内涵是：班级的价值观和班级精神。

班级文化是一门隐性课程，具有一种无形的教育力量，一个班级的文化环境对于学生的熏陶是潜移默化的，它对学生的成长能起到举足轻重的作用。优秀的班级文化一旦建成，其在班级管理中所起的作用就能鲜明地体现出来。它决定了班级目标，引导同学们为实现这一目标而努力奋斗；它对同学们的行为起到约束作用；它强调团结、合作，特别重视精神建设，使同学们产生心连心、荣辱与共的感觉，把全班同学凝聚在一起；它是班级的灵魂所在，是班级生存和发展的动力和成功的关键。

雅礼中学高310班组建一年多以来，坚持用文化的氛围来熏染学生，用文化的互动来影响学生，用文化的理念统领班级工作，从文化学的角度实施班级管理。通过不同的文化形态的尝试，逐渐在班级内部形成较为全面、日趋成熟、具有雅礼310特色的精神文化、学习文化、组织文化、环境文化等文化模式，使学生提升了认识，更新了观念，使班级发展成为以"为自我终身发展奠基"为发展理念、以"奋志激情，天道酬勤"为行动指南的新型团队，为班级进一步发展凝聚了新的力量，为培养具有一定文化素养且综合素质较为全面的现代中学生奠定了基础。

（一）雅礼310班级特有文化，依托于雅礼校园文化，继承雅礼百年文明

雅礼是一个有着深厚文化底蕴的百年名校，名师荟萃、校风优良、管理严格、特色鲜明，它秉承"公勤诚朴"的校训，本着"为学生的终身发展奠基"的理念和"国内一流，世界知名"的办学目标，坚持培养"文理兼通，英语见长的高素质现代人"的育人目标，全面推进素质教育，不断培养学生自主创新的精神，注重塑造学生健全的人格。这是一种全新理念引领下的、走在时代前列的校园文化，是雅礼百年文明的传承。

雅礼校园文化对班级文化建设有直接的引领作用。雅礼310班级特有文化就是在这种良好文化氛围的影响下发展、建设而成的。雅礼校园文化是雅礼310

班级文化生长的土壤；而雅礼310班级文化则是雅礼校园文化的具体化，也是雅礼校园文化的一个代表，它要依托于校园文化，服从于校园文化，最终两级文化实现和谐发展，形成统一体。

（二）雅礼310班级特有文化，服务于班级自我管理，凝聚班级发展力量

我们班级文化建设活动的开展，既服从于校园文化，也服务于班级管理，使班级凝聚力得到加强。班级管理新模式、班级制度构成文化重要建设组成部分。在班级文化建设过程中，我们一直强调并以班级的凝聚力建设为核心。

要求一个刚组建的班级具备很强的凝聚力是不可能的，只有随着时间的推移，班级的不断成长，班级才可能走向团结，进而增强凝聚力。学生只有通过长时间的接触才可能达到相互了解，形成较密切的关系。建设班级特有文化是一种较好增强凝聚力的方式，它需要管理者有恒心和耐心，长久地、坚持不懈地为之努力。

（三）雅礼310班级特有文化，定位于学生终身发展，奠定学生成长基石

从人类的整体历史来看，个体总是在先于自己的特定文化中成长起来的。这种文化深刻地影响着文化中的人的一切理性与非理性的活动，直至内化为多数个体稳定的心理意向与行为方式。由此可见，文化对相应人格、个性、行为的养成与塑造有直接的作用。

雅礼310秉承学校办学理念，坚持以人为本，把班级发展定位于"奠定学生的终身发展的基石"，把"为自我终身发展奠基"作为班级与学生个人的发展理念。在这种理念的指引下，班级文化建设就有了特殊使命，那就是服务于班级发展，服务于学生发展，而且是学生的终身发展。雅礼310班级特有文化的创建，要促使积极健康、契合学生发展走向的价值体系在班级内部逐渐形成，让学生学会果断从容、坚定执著地追寻自己的价值。

二、班级文化建设的实践与探索的可行性

雅礼310全体师生在"为自我终身发展奠基"的班级发展理念与"争一流素质，夺七彩佳绩，创品牌班级，展辉煌人生"的班级奋斗目标指引下，自组建开始便积极着手创建属于自己的特有班级文化，在"精神文化"、"学习文化"、"组织文化"、"环境文化"等方面进行了大胆实践，探索了文化建设的

班会，将一个形式似乎呆板、难有新意的模拟人大会议，发挥得淋漓尽致，干部的素质、良好班风学风得到充分展现，在场观看的领导、老师、外班学生都赞不绝口，雅礼网站进行了专题报道。

由班团干部牵头，制定了班级管理的相关章程、制度、条例等，如《班级发展章程》、《班级管理条例》、《班级请假制度》、《我们共同约定》、《作业检查细则》、《卫生检查细则》、《干部基本职责》、《值周班长职责》、《值日班长职责》，等等。实施个人"综合评分"制度，以分数加减措施加强同学们的纪律意识，一日一评比，一周一总结，公开、公平、公正；推行值日、值周班长制度；班级管理、干部工作表格化，及时发现工作不足，实施相应措施。班级制度文化是班级组织文化的组成部分，不仅为学生提供了评定品格行为的内在尺度，而且使每个学生时时都在一定的准则规范下自觉地约束自己的言行，使之朝着符合班级群体利益，符合教育培养目标的方向发展。

全面推行学生自我管理、自主管理的班级组织文化，给制度以灵魂，给组织以精神，使之真正实现具体规定与培养目标的和谐统一，有助于规章制度的强制作用与激励作用的共同发挥。

（四）美化教室，展评寝室，提升审美观念，创建班级特有环境文化

似乎教室是学校提供的，无需作其他太多布置，且这是小事，学习才是正事。但我认为良好班风的形成就是要从这些小事抓起。大到班级文化墙的整体设计、班级形象（班志、班徽、班旗、班歌）的准确表达，小到窗帘的标准打结、班级资料的规范张贴、讲台的整洁美观，都能成为美的熏陶和习惯的教育。

我班寄宿生来自全省各地，很多事情家长都包办了，内务整理习惯一直不好，我抓住时机，在班级寝室开展以学习型、文明、守纪、卫生为主题，定期开展文化展评活动。学生从开始不理解，到被动服从，再到主动参与，活动开展虽经历艰难，但成效明显，学生认识有了很大提高，寝室形象和学习习惯都得到很大改观，可谓有付出必有回报。

教室、寝室是学生学习和生活的空间。班级环境文化具有"桃李不言，下自成蹊"的特点，能使学生不知不觉、自然而然地受到熏陶。环境的状况，直接影响学生的情绪，一个文明、整洁、优美的环境，无疑有利于学生的身心健

康。我们改变着那种有环境而无环境文化的状况，赋予班级环境一定色彩和教育意识，增强环境育人的功能，用苏联著名教育家苏霍姆林斯基的话说，就是努力使学校的墙壁也会说话。如果我们能使班级的各种物化东西，都能体现班级的个性和精神，都能给学生一种高尚的文化享受，那么班级文化也就如一位沉默而有风范的老师一样起着无声的教育作用。

三、班级文化建设的反响与突出的成效性

（一）雅礼310，文化育人，观念更新，反响强烈

在班级文化建设的进程中，感受最深的自然是学生。有学生说："我们也从中感受着什么，感动了什么，感悟到什么，当提笔疾书，记下心中点点滴滴。"周记与作文中多少次提及，学生又加深了对班级的热爱。

费腾说："当我踏进310的第一步，我就意识到这个崭新的班级凝聚着省内最优秀的学生；当班主任写下'奋志激情、天道酬勤'的励志话语时，我便明白这将是一段充满快乐与挑战的生活。"

何旭峰说："我们有了一首歌，一首真正意义上属于自己的歌，一首由风华正茂的老师和学子悉心创作的经典。""每当这强劲的歌词、嘹亮的歌声响彻教室内外时，我百感交集，热泪盈眶，此刻，我看到了希望的曙光，梦想的黎明，我坚信：我将会和这群朝气蓬勃的学子创造出前无古人的经典，无与伦比的辉煌。"

王希廷说："不要抱怨生活过于平淡、枯燥。想想今天的娱乐中餐和昨日的新闻晚餐、励志早餐吧！它们告诉了我们怎样的哲理？惜时？拼搏？不管是什么哲理，有一样是绝对错不了的，那就是我和你们在一起细细咀嚼这些人生的缩影时是幸福的，是快乐的。"

方兴说："还能从哪儿找到比我们班更好的、更可爱的同学啊，在我心中，我们全班就像一团熊熊燃烧的火焰，燃烧得老高老高。在黑与白的交织中，我们燃烧自己的激情，昂扬自己的斗志，把自己融进熊熊烈火，使自己的精神升华成集体的力量。霎那间，我们对今天输赢已觉得不重要，因为我们现在不是只收获了荣誉，更重要的，我们感受到了集体的强大凝聚力，我们的心已走到一起。"

彭暐说："因为名校的召唤，我们成就了初次的相逢；因为承载着深重的梦想，我们义无反顾地选择缔造310的经典。不管是为了我们爱的人，还是爱我们的人，我们都要勇敢地守望奇迹。"

雷舒雁说："310留给我太多太多回忆，在我心里，310一切都是美好的。"

陈潇俊在《寝室文化添情趣》中写道：什么柜子上呀，床上床下呀，都要追求整洁美观，另外还要在墙壁上贴一贴海报以及门上也要装饰一番……这样里里外外忙了近一个小时，寝室里也变得有模有样。寝室长骄傲地说：今天晚上大家都坐着别睡，我想谁也不愿意破坏这舒适、雅致、温馨的家吧。

像这些心声无数次出现在学生的笔尖、谈笑中，表达了他们对班级的无比热爱，对班级与个人的发展充满了自信。

学生喜欢把班级的变化及时告知家长，与家长共同分享成长的快乐与学习、生活的充实。三次家长会，家长们都对雅礼310文化育人、文化治班充满信心，充满期待。我经常接到家长的电话，家长经常谈及班级发展，大家都表示，雅礼310班级文化让他们的小孩身心健康地成长，一学期下来综合素质有了很大提升，有这样优秀的老师带领这样优秀的班级，他们家长放心。沈廉诚的家长表示，他之所以坚持要沈廉诚转班到310，就是看到雅礼310这种良好文化氛围对学生一生的影响。

班级各科任教师对310的文化建设十分感兴趣，不仅大力支持班主任的工作，还经常参与到活动中来。他们认为，班级文化建设给班级教学工作带来很大的正面影响。王学明老师评价班级自我管理时，感叹学生自主学习氛围好，学习兴趣浓，能自我分析、自我评价，自己轻松多了，能有更多的时间投入学生辅导与教学钻研上。

在全校班主任工作经验交流会上，我作为年级代表，作了题为"创建班级特有文化，凝聚班级发展力量"的发言，获得在场领导、老师的阵阵掌声，得到大家一致好评。不少班主任认为，班级文化的确影响力很大，但坚持把它作为治班特色，难度也很大，像310这样形式与内容能实现高度统一，效果明显的不为多见，这应该是新课程、新理念倡导的理想形式。年级组把310作为班级管理的典范进行宣传，不少班级到310学习、交流。随后一周，我又到雅礼寄宿制中学作了一场专题报告，介绍我班文化建设的模式与成果，反响也很大。

学校领导非常关心雅礼310的班级特有文化建设，刘维朝校长、吴年翔副校长经常通过班刊系列刊物、学校各类报道、交流与座谈等途径，了解班级文化建设的进展情况，多次进行指导。吴校长为310学生作了一堂专题辅导讲座，并在学校德育工作会议上、家长会上对班级文化建设给予了充分肯定；孙传贵副校长为班级文化建设提供了相关资料；胡觉生副书记、刘佳琦副校长也经常过问，并提供相关发展条件。几位校长还亲笔为班刊《飞翎》题词。

（二）雅礼310，文化治班，素质提升，成果喜人

在过去的一年多时间里，雅礼310通过文化育人，文化治班，使得班级进入良性、稳定发展，并且严明规范、特色鲜明、成果累累，成为年级乃至全校示范性班级，市级先进班级；其成员综合素质得到快速提升，不少学生在各级各类活动、竞赛中脱颖而出，取得一系列可喜成绩。

1. 班级特有文化带来管理高效、教育高质

班级全面推行常执两委纵横双向管理模式以来，各类班级特有制度让各方面工作得到了保障，以情动人、以法治班等模式渐为学生接受并认可，全班76%的同学获得了锻炼，尤其是早自习5分钟班务处理更是体现了干部较高的组织管理水平。班级学生自我管理水平越来越高，一直为年级乃至全校的典范。

班级在学校历次班级月份工作量化评比中，一直位列第一名，每月都评为文明示范班级，高一两学期班级目标管理总评均列第一名，两次被评为先进班级；支部在团委历次支部月份工作量化评比中，一直位列一、二名，高一两学期支部目标管理总评均列第一、第二名，被评为"红旗支部"、"先进支部"等。班级还被推荐评为"长沙市先进班级"，班主任也被评为学校"优秀班主任"、"九芝优秀班主任"等。

班级有八人在校团委、学生会任职，有三人在年级分会任职；校社团《执雅》主编与副主编、校团委《社团之花》主编、校心理协会会长等均来自我班。在团委五四表彰中，我班的名单为最多，有一人获市优秀团员，一人获校十佳团干，一人获校十佳团员，五人获优秀团干，另外有六人分获各单项优秀。在教育处年度评优中，一般班级只评两个优秀干部，为表彰我班学生自我管理取得的可喜成绩，特破例将我班五人评为优秀干部，同时还破例增加三好学生评选名额。有12人次参加业余党校学习，五人获得第一批结业证书。

2. 班级特有文化带来考试与竞赛捷报频传

在历次期中、期末考试中，不管是单科成绩，还是总分成绩，雅礼310一直位于年级的最前列。值得一提的是，班级文学社、英语社的各种活动相继开展以来，全班同学学习语文、英语的兴趣日渐浓厚，每次考试都在年级保持了较大的优势。在各类竞赛中，更是让不少才子、才女出尽了风头。

在全国"中华圣陶杯"作文大赛中，全校获得全国奖九个，我班两个；在长沙市创新作文大赛决赛中，全校获得特等奖2人，全部在我们班，全校获得一等奖5人，我班1人，还有16人获得初赛一、二、三等奖；在长沙市"交通银行七彩环杯"征文中，全校获得一等奖以上3人，我班1人；在雅礼百年征文中，我班毛谦同学夺得高中组唯一一个特等奖，还有2人获二、三等奖；在学校辩论赛决赛8位选手中，我班占2人，且所在队为获胜队，分获最佳辩手、优秀辩手；我班何一乐同学的文章在《做人与作文》丛书中发表；在学校英语模拟联合国初选中，我班有6人入围，在进入复选的全校20人中，我班占4人，人数最多；高一二期有20人报考全国英语等级考试，16人获得三级证书，4人获得单项证书，为同年级通过人数最多的班级。

在学校与年级的学雷锋征文、国庆征文、朗诵比赛、演讲比赛、英语单词竞赛、英语阅读比赛等各种与文学、英语有关的活动中，我班经常有人获得年级第一名，经常是获奖人数最多的班级，共有26人次获得学校或年级一、二、三等奖。

在全国高中数、理、化学科奥林匹克联赛中，我班2人获得省一等奖，8人获省二、三等奖。

3. 班级特有文化带来综合素质全面提升

班级获得歌咏比赛第二名、内务整理先进班级、拔河比赛优胜奖、文艺汇演优胜奖、乒乓球团体赛第一名、广播操比赛一等奖；第35届田径运动会队列方阵第一名、宣传工作奖、观众组织奖及团体总分前六强，16人次获校田径竞技前六名；第36届田径运动会队列式评比第一名、团体总分第四名、理科班第一名、宣传工作奖、观众组织奖，22人次获校田径竞技前六名。尤其在两次田径运动会上，我班的队列式所反映出的学生精神面貌让所有评委纷纷亮出高分，观众也是报以热烈掌声，最终两次均以第一名展示了一个优秀团队的风貌。

我班每学期都有一台主题班会在全校展示。主题展示班会"我们拥有，我们需要"得到全校班主任的高度评价；主题展示班会"班团联合大会"获校"优秀团日活动"（全校仅三个），雅礼网站进行报道；支部设计团日方案"我自豪，我是共青团员"代表学校送市参评；主题展示班会"爱的洗礼，心的呼唤"得到市教育局领导、学校领导等高度评价，市级电视台进行了专题报道。

我班王佳希同学在长沙市各中学学生中脱颖而出，作为四位代表之一，于今年8月去中央电视台录制一档节目；我班方兴同学设计的读书节标志获得学校一等奖第一名，并成为读书节正式标志，还有两位同学分获二、三等奖；在全校LOGO标志设计大赛中，1人获第一名；在学校心理知识竞赛中，我班获得一等奖1人，二等奖2人，三等奖3人。

四、班级文化建设的思考与发展的持续性

（一）班级文化建设，教师是主导，学生是主体，导向与感悟同是关键

新课程理念认为：现代教育课程不再是静态的内容，而是实现学生发展的动态场。只有学生主体参与课程系统中，才会有他们对课程内容、对活动等的理解；沟通是个体以主体参与为基础，在活动中的一种交流；互动首先需要个体学生的主体参与。因此，在理解、沟通、主体参与、互动这四个因素当中，主体参与居于核心地位，它是课程场产生的根本。课程在运行时，由于参与程度与参与性质的不同，会表现出不同的境界。

在班级文化建设过程中，教师尤其是班主任，是班级文化的主导者，要善于利用不同文化形态，引导学生以主体身份参与班级各项建设。导向非常重要，导向的正确与否，导向的作用大小，是决定班级文化建设成败的关键。

学生是班级文化建设的主体，在班级文化建设过程中，教师要充分发挥他们的想象力和创造力，激发他们用自己的智慧和双手来创设有特色的且为自己所喜爱的文化；让每个学生都有机会参与，从而来表现自己，表现自己的观点，表现自己的理想，表现自己的美感，培养创造的个性，让有限的教室空间成为无限的教育资源，让学生在班级各类文化的沐浴下感悟学习、感悟人生。

班级精神文化与情感文化是班级文化的最高层次，教师是其缔造者。教师

要充分发扬民主，尊重学生的"童言无忌"，保护学生的"异想天开"，理解学生的"盲目过错"；要关心爱护学生，理解尊重学生的情感，平等真诚地对待每一位学生，让学生在班级中感受到母亲般的温暖，并产生热爱教师的情感，从而形成良好的班级情感氛围，让每个学生在教师面前都能畅所欲言，勇于展示，真正树立起新型的师生观，让学生在一个健康、美好的班级精神文化、情感文化的沐浴下成长，让学生在不知不觉中找到属于自己时代的精神世界。

（二）班级文化建设，载体是表象，理念是本质，形式与内容均要保证

班级文化建设必须借助载体来运作，诸如班徽、班旗、班歌、班刊、班级日记、班级网站等。载体是看得见的，是表象，运作不好，只会停留在为了形式而做形式主义。其实这些载体具有潜移默化和自我教育等特点，要透过表象，把握本质，即让学生以主体身份参与，经常对参与班级建设中自我观点、行为进行自我分析、自我评价、自我纠正，教师以客体身份进行有针对性的指导，让学生通过"身体—心理—精神"的高度投入，就会产生一种生命的体验。

班级文化不能只是向学生灌输形式，它要把思想教育的内容寓于各种具体可感的情景中，在影响方式上就具有一个潜移默化的渗透性。良好的班风、丰富的文化生活、优美的班级环境，使学生像海绵吸水一样，浸润其中，它的感染力像潜流持久地影响着学生的日常思想行为，促进学生素质发展。

班级文化要通过不同载体、不同形态，倡导正确的价值取向、健康的审美情趣、优秀的人格品质，形成一种催人向上的教育情境，激励学生努力进取、发奋学习、热爱生活、珍惜光阴。

载体的呈现重要，理念的贯穿更重要。形式与内容要成为高度的统一体，真正服务于包括思想道德素质、文化科学素质、生理素质、心理素质、审美素质、劳动素质在内的学生综合素质的发展，真正为学生的终身发展而奠定基石。

新课程实际上对教师提出了教育专业工作者的要求，这就是教师要成为学生成长的引领者、学生潜能的唤醒者、教育内容的研究者、教育艺术的探索者、学生知识建构的促进者、学校制度建设的参与者、校本课程的开发者……

班级建设要遵循新课程对教育的新的定位，要体现新的教育发展理念。作为承担建设班集体重任的班主任应该认真对待班级特有文化，并加强班级文化

建设，从培养全面发展的建设者和接班人这一总体目标出发，利用班级文化采取渗透的形式，把教育思想贯穿于整个文化环境中，充分发挥班级文化的育人功能，使我们的班级工作有所创新，迈向新的台阶，真正实现教育价值——奠定可持续发展的素质基础，体现教育本质——师生的共同成长与发展。

雅礼310在新课程、新理念的指引下，文化育人，文化治班，全面建设班级特有文化，希望为班级发展凝聚新的力量。我们雅礼310有了自己的收获、体会，但仍在探索、在前进、在寻求新的发展，我们决心提升新的层次，创造新的辉煌。

（屈检嗣老师在2013年暑期长沙市优秀班主任培训中的专题发言）

情境德育的三个有效尝试

在多年的教育教学生涯中，发现有一个难题总是困扰着一线的班主任和其他德育工作者，那就是：德育思想工作我们几乎天天讲、月月讲、年年讲，可我们讲了一箩筐，学生可能没听进去一耳勺。为什么呢？究其原因也许有很多，但有一个原因我觉得是不容忽视的——我们在用教授知识的方法灌输德育。如：要学生诚信做人，我们跟学生分析为什么要诚信做人，怎样诚信做人，然后归结出一二三四五条，最后问学生知道了么，懂了么，学生齐答知道了，懂了。其实在你分析前他早就知道了，可是知之就一定会行之么？我们的分析充其量是雨过地皮湿，只会让他再一次知道，再一次不见行动，收效甚微。

在实践中我发现：利用良好的德育情境来熏陶学生、涵养学生、感染学生，是做好德育工作的有效手段。所谓德育情境，就是为了实现德育目标而引入或创设的具有一定情绪色彩的生动具体的场景，让学生在种种生动具体的场景中体验分享、互动交流、移情共感，从而达到熏陶情感、涵养品格、激活思想、铸炼精神的德育目的。

下面，我和大家分享我在情境德育方面的一些粗浅做法，请大家批评指正。

一、利用课堂教学，注重情境德育的熏陶启迪

学生在学校学习的主要场所是课堂。而在课堂所进行的各学科的教学，除了教给学生各科知识，培养各种能力，更重要的是关注学生的思想、情感态度和价值观念。课堂的某一个（些）教学点在认识、思想、情感等方面使师生之间产生了共鸣，就容易用情感激活情感，用心灵碰撞心灵。这种激活与碰撞，在无形中就形成了一种良好的德育氛围，在这种氛围中，学生会潜移默化地得到精神上的启迪和情感上的熏陶。

如：我们教育孩子要学会关爱，要懂得付出。你说上十遍二十遍，也许都无济于事。如果换一种形式呢？

在一次作文训练中，熊素瑶同学写了一个小小说《火柴人》：

火柴人

她醒来的时候，在一个雪白的世界。

有人走过，但仔细一看，都是细细的火柴人，犹如孩童的简笔画。有的复杂一点，尚能看出点特征，而有的则完全只剩下细细的线条，单薄的随时要散架。他们的头上飘着字，似乎是名字，但又模模糊糊的。

她下意识地抬头，看到一行模糊的字迹浮在空中，低头看看，手脚略显纤细。

"嘿"，她叫住一个头上戴着帽子的火柴人，"这是怎么一回事？"

"喔，你是新来的吧？"火柴人说，"这里的人都因为抛弃自己而来到这里，等到我们慢慢完全遗忘掉自己，就成为那样的名字也没有的火柴人啦。不知道自己是什么、要做什么，然后一辈子呆在这儿。"

她点点头，模糊地回忆起之前滑过喉咙间的安眠药。有点后悔。

"你想回去？"

她点点头。

"那你需要知道自己的名字才行。"火柴人不经意地拉了拉自己的帽檐。

她低下头开始回想，只是那个符号始终是模糊的。

"想不起来吗？毕竟是来了这里，也没有那么的容易。"火柴人看着沮丧的她。"不过没关系！我知道你的名字！你叫邱小末。"

天地旋转，她不明白发生了什么事，但那个符号明朗了起来。然后她坐在病床上，周围都是家人惊喜欢呼的声音，而她却呆住了。

她觉得那帽子眼熟。

她想起她曾把那样一个里侧绣着她名字的帽子，轻轻戴在一个在雪天乞讨的男孩头上。

我发现这一小小说很有教育意义，只是单纯地读给学生听，也许没多大的吸引力。考虑到熊素瑶同学又酷爱漫画，我建议她让文字与漫画联姻，再配上背景音乐。她非常欢喜地为这篇500多字的小小说，画了60多张漫画。在美妙的背景音乐中，同学们一张张地欣赏，一点点地感悟：已进入另一世界的邱小末为什么能够回归正常人？就因为邱小末曾帮助过一个乞讨的男孩，没有邱小末对男孩的帮助，就没有人记得她的名字，她就无法回归正常人。"爱往者爱返"，这则故事的吸引力和感染力，远胜过教师千言万语的说教。

如果在教育教学过程中我们随时注意创设类似的情境，学生在感受与分享中获得的道德认知和道德自觉，会来得更加真切、更加自然。

在我们的生活中，诸如关爱、感恩、宽容等德育内容的价值取向性是非常明显的，也是大家一致认可的。可是，也有一些情感问题，道德与审美问题是见仁见智的，学生的道德判断力很难一致。有时候，在课堂教学中设置一些道德两难情境，让学生去思考去判断也是很有意义的。

如：在教完《边城》后，我设了这样一个问题：小说结尾，翠翠每天守着渡船，可傩送也许明天回来，也许永远也不回来了……你怎么看待翠翠的等待？

我让学生先书面写写，再讨论交流。交流后，有学生迫不及待地发言。

生一：傩送走了，可日子还要过，若只是一味地沉浸在对过去的惋惜与对将来的遥遥无期的事情的幻想之中，那么她只会被现实所淘汰。想象是丰满的，现实是骨感的。对于不知道何时才发生的事情，我们更应该抱以一种平和的心态，该来的迟早会来，而对于我们所生活的现在，我们更应该认真对待，不能逃避。

学生一说完，我看到许多学生连连点头。

生二：翠翠太傻了，这不是白等吗？我理解这种等待，但我认为毫无意义。……在这样的社会环境下,这份纯真的爱情蒙上了阴影,傩送既然下决心离开,归来自然是遥遥无期了。即使他回来,在外界的压力和内在的愧疚之下,两人的爱情还会像原来那样纯真快乐吗?因此翠翠不必用一生去等待,不如让时光来冲淡这份灰色的记忆。

这位学生的言辞更为激烈,她的发言赢得部分同学的掌声。此时,我分明看到一个同学坐不住了,我请他发表自己的看法。

生三:"翠翠太傻了,这不是白等吗?如果按你这样说的话,人生,都可能只是一团幻光。这种等待,不,我毋宁说是守望,又怎么会是白等呢?它把一个遥不可及的梦,捧在你的眼前,让人在忧郁而凄美的爱中,诗意地度过这一生,一川小河,一只小舟,一个远方的意中人,以及夕阳落下时对远方无尽的思念,这对人的生命与心灵来说,比之灯红酒绿纸醉金迷,岂不是要丰足得多?

试问,如果翠翠结束她的守望,她又能做什么?去嫁人么?可是心中与眼前已满是那个男子的背影,如何容得下另一个人塞入自己的梦乡?

这是一种美好的人生,更完美的是她还有一丝惆怅。

第三个学生的发言,赢得了持久的雷鸣般的掌声,掌声说明了学生对这种矢志不渝的坚守爱情的浪漫主义情怀有更多的认同,但是在现实面前,他们又会做何选择呢?这个还真不好说。所以在平时的教学中,创设道德两难情境,交由学生在对话中碰撞交锋,在冲突、困惑、焦虑和犹豫中追寻心灵的方向,寻求理性内核,做出自己的判断和选择。这样,学生的道德敏感力和道德判断力就会在不断的判断与选择中逐步加强。

二、丰富班级活动——加强情境德育的行动感知

一位德育专家指出,德育的本质是实践的,缺少实践环节的德育不是完整的德育。在学校里,学生主要的德育实践是班级活动。让丰富的班级活动去加强学生的行动感知力,是情境德育的一个很好的举措。可是,在高中,尤其在示范性高中,开展很多班级活动是不太现实的;关于丰富,我们可以在深度和广度上做文章,让活动影响广泛,并耕耘到学生心灵的深度,达到以一当十的效果。下面以我们班组织的一次手抄报活动来举例。

因为我带的是美术特长班,上学期组织学生办了手抄报。办完后请另一个

班的学生当评委。这个班的学生也办了手抄报，他们的班主任组织学生将我们班的手抄报一一编号，贴在教室前面，利用早自习前的时间请同学们评出优秀作品，并写出评优的理由。当这个班的班主任将结果给我时说："陈老师，这些手抄报可教育了我们班那些狂妄的家伙，让他们认识到每一个人都有其优秀的一面，也让他们真切地感受到了什么叫山外有山。

班委又将所有优秀作品在教室的外墙上贴了一周，引来其他班许多学生的围观，更有另一栋楼的高一学生拐到我们的教室走廊上来享受这种美的熏陶和愉悦。这是一次办手抄报活动所带来的广泛影响。

同时我也不忘往深处做文章：我们的学生，看到别班的许多孩子兴奋围观，他们很骄傲；听到老师和学生的赞美之词，他们很自豪。德育课上，我问他们收获了什么，每人说一点。什么要学会合作，彼此信任，懂得宽容，要有责任心、进取心，等等，连续17个同学没重复。特别是从班上黄同学对办手抄报的前后认识的变化可看出这个活动对他的深远影响：

直到今天上午截止我还一直为班主任要求大家分组办手抄报的事感到疑惑不解，我想着大家近来学习压力渐重，专业方面的练习也尚且不足，怎么有时间去完成一张对开的劳什子呢？且手抄报乃涉及了美术方面，同学们心中都是各有千秋，6个人一组，难免会发生摩擦吧？

可到今天下午，我就彻底改变了看法。

很多组的手抄报都已有了全貌，同学们看着自己这些天来亲手办的手抄报十分欢喜，不时会用笔添添补补，就像对待一件艺术品。你瞅瞅我这组的，我也瞧瞧你那组的，欣赏着彼此的作品，那是不曾经历者难以享受的快乐。

她的这份"知道"，就来自于他自己的亲身体验，动手实践，是亲自体验与实践，澄清了他的模糊判断，实现了自我反省自我教育。所以，班主任要尽可能巧妙地组织一些活动，创设体验情境，使学生在活动中获得切身的道德体验和道德信念。

当然，班主任除了有意识地组织一些活动外，如能无意识地欣赏并成全学生自然生成的一些小活动，也能内化为学生的道德认知，滋养道德情感。

如学生下课时的情景：

（一）

明亮而晴朗的一天，秋天的感觉更加真切了，课间里，同学们交换着各自带的零食，也交换着各自的心情。

如同季节，如同天气，如同一袋炒米换锅巴；

如同欢笑，如同歌唱，如同一个拥抱换打闹；

如同快乐，如同幸福，如同最简单的事换来最简单的满足。（春晓）

（二）

晚自习下课的时候，我和璨璨看到一只巴掌大的水瓶摆在琪的桌子上。薄薄的杯壁上印着可爱的图案。

"哇，好小的一只！"璨璨很是欢喜，就像发现了什么猎物。

"但是这能装多少水呢……"璨璨发问。

"一口都不够喝吧。"我说。

"不一定要喝啊！比如可以用来暖手嘛。"琪回答我们。

对哦！我忽然想到，就像庄子说的一样，难道一件物品，一定只能起着被规定的作用吗？！（吴子）

我被春晓和吴子的文字感染感动，也被孩子们的那份真情与快意、奇思与妙想所感动。当我们总是立足高处放眼远处去建构孩子们的精神高地时，殊不知就是这样的"接地气"的举动，就是这些看似毫无意义的行为，在传达着生命的享受与人情的美好。

作为班主任，我们不把孩子完全逼仄到狭小的书堆里，让小水瓶等"无用之物"与书本共存，让他们的小情趣与读书学习共在，孩子们才有曼妙遐思与深沉哲思翩翩起舞。

三、阅读人文经典——推动情境德育的精神内化

阅读应该是学生修养身心、涵养品格的很好的途径。每接到一个新班，我总会跟学生提出这样的口号：让读书像呼吸一样自然。在指导学生深度阅读完他们自己所喜欢的一本书后，就开展每周一次、每次两到三人的读书报告会，让学生在阅读中涵养品德、铸炼精神。

许多学生做读书报告会时的兴奋和他们美丽文字背后的美好情感一度让我感动。

景祯同学读《昆曲艺术审美之旅》，以"触摸历史余温，燃烧昆曲文化"为题做读书报告时，她将如花美眷般的昆曲演绎得优雅至极，还说"历史像一堆灰烬，但灰烬深处可能还有余温，我们的任务不是翻扒已经冷却的灰烬，而是把我们的手伸进灰烬，去触摸余温"，并表达了"触摸历史余温，燃烧昆曲文化；为了民族，坚持艺术，无论怎样，不会放弃"的心声。东维同学读《中国尊严》一书，说："我们要用尊严计量民富国强。忽视了对尊严的渴望，最终连发展都保障不了，对个人和国家都如此。唯有对内建立人的尊严，对外追求国家的尊严，中国的发展才是可持续的和有意义的，我们的大国之梦才能够实现。"听他以慷慨之声讲这些内容时，我知道，那深厚的历史文化，那广阔的社会生活已走进这个孩子的视野，也许这些能帮助他生长更强的爱国之心、自尊之感，成为他生命成长的力量。艺萌同学读几米的《我的错都是大人的错》，说："大人说话时，希望孩子闭嘴。看电视时，希望孩子安静。烦闷时，希望孩子消失。他们常说，孩子睡着时是天使，醒来时是恶魔……不管醒来或者睡去，我们都是天使，只是大人看不见。"最后她总结说："我知道我不是一个完美的小孩，但父母从来也不是完美的父母。所以我们要互相理解容忍，彼此接纳喜欢，相爱地活下去。"我想，艺萌同学正从书本中试图认识自己，了解父母，并已理解、接纳不完美的父母，当这样的情感内化为了她个人的道德情感时，她在行动上，一定可以拥有一种自觉。听着她的报告，孩子们又多少可以得到一些启发吧。她对同学的引领也就在此，在她之后，班上刮起了纳兰容若风。还有肖慧婷解读《你若安好，便是晴天》，刘静仪解读《窗边的小豆豆》……

当这些孩子将书本中的世界向我们精彩呈现时，这些孩子已向书本的海洋探求真善美并懂得如何从书本走向现实的心灵世界……

当所有这些成为了孩子们灵魂生长的起点、人格发展的根基时，我相信，终有一天这所有的所有会成为他们的精神气象和生命姿态，并将给现在和未来的人们留下永远的美好。

（陈立军老师在2013中国自主教育管理论坛上的发言）

第三节　教育的理想与信念

尊重生命，温暖教育

我是长沙市特殊教育学校的周芳老师，从教22年。今天我发言的题目是"尊重生命，温暖教育"。

请允许我首先从品德、习惯的定义说起。

品德、习惯的定义：

《礼记·大学》相传由孔子口述，后人加以整理的，是儒家管理哲学的总论。这本书，应该是儒家最为重大的人道学问。其中说到"大学之道，在明明德"。第一个明字，是动词，意思是"发扬光大"；第二个明字，是形容词，意思是"良好的"。就个人来说，明德指良好的"德行"；就社会而言，明德指良好的"德政"。儒家宣扬修己以安人，修己就是管理自己，安人则是管理他人。明明德便是发扬光大修己安人的良好德行和德政。之后，又言："古之欲明明德于天下者，先治其国，欲治其国者，先齐其家；欲齐其家者，先修其身；欲修其身者，先正其心；欲正其心者，先诚其意；欲诚其意者，先致其知。致知在格物。物格而后知至，知至而后意诚，意诚而后心正，心正而后身修，身修而后家齐；家齐而后国治，国治而后天下平。自天子至于庶人，壹是皆以修身为本。"（朱熹注《四书章句集注》）。这就是古往今来仁人志士推崇的"修身、齐家、治国、平天下"。这四者的逻辑关系中，"修身"是第一位的。中国传统文化讲究"内圣外王"，指内具有圣人的才德，对外施行王道，也就是我们平时讲到的要"内外兼修"、"以德服人"。德是立身之根、处事之基、成事之要。小成凭智，大成靠德。"德"及品德，也就是道德品质的简称，还可称为德行、操行等。品德是一种心理现象。它是人依据一定的道德原则和行为规范时所表现出来的稳定的心理特征和倾向。

品德、习惯的基本特征：

第一，品德必须以某种社会道德意识或道德观念为基础。通常所说的不道德行为乃是指在不正确的道德观念支配下产生的行为。

第二，品德与行为习惯有密切联系，但又有区别。行为习惯是品德的基础。要有优秀的品德，一定要有良好的行为习惯做基础，有良好行为习惯不一定具有良好品德。选择良好的行为，反复实践，形成良好的行为习惯，并且具有明显的自觉性、主动性，这样良好品德就开始形成了。

第三，品德具有稳定的倾向特征。个人的品质不仅表现在一时一事，而且体现在每一个行为细节中，甚至体现在人的一生中。黑格尔曾指出："一个人做了这样或那样一件合乎俗理的事，还不能说他是有德的；只有这种行为方式成为他性格中的固定要求时，才可以说他是有德的。"

那"习惯"是什么?习惯是一种后天形成的相对固定的行为模式。习惯有两种基本的含义。一是指习于旧贯，习于故常；二是指长时间养成的不易改变的生活方式。从辞源的解释看，习惯存在着个人和社会两个不同层面的含义。就个人层面看，习惯是人经过一定时间形成的惯常行为；就社会层面看，习惯是人们在较长时间里养成的共同的生活方式。从现代汉语的词义看，习惯的基本意思应该是"习以为常"，就是在一定的时间里，通过"习"某种东西，使它变成"常"的行为，而使之达到非常熟悉或自然的程度。

因此，我们必须强调：行为习惯是品德的基础。要有优秀的品德，一定要有良好的行为习惯做基础，选择良好的行为，反复实践，形成良好的行为习惯，最终养成良好的品德。

我们从理论的角度分析了"品德"和"行为习惯"，讲了这么多的道理，中国有句老话"三岁看老"，也有说成是"三岁看大，七岁看老"。

故事分享——忆我的奶奶：

其实，品德行为习惯的养成教育抓得越早越好。我的成长经历就是最好的例子：我来自农村，家有姐妹4人，均通过中考或高考跳出了农门，一个在郊区供销社工作，两个当老师，一个做法官，每人都有一个"金饭碗"。在农村，在80年代末，这是很不容易的。当时，我外公认为女儿是别人家的人，读点书就够了，读这么多干什么。我家属"四属户"。可能在座的老师们不了解，"四属户"是父亲有工作，在城里上班，家里只有母亲干农活，没有劳动力，母亲赚的工分分到的粮食一家人不够吃，要用父亲的工资去生产队里买工分换粮食。所以，我的父母承受了很大的压力还有经济上的困难来培养我们，这是我们一辈子也报答不了的。母亲每天忙于农活，对我们要求很严，平时，都是奶奶管着我们。奶奶是一个和蔼慈祥的老人，也是我们姐妹四个的启蒙老师。奶奶虽没读过书，但她告诉我们："万盘皆下品，惟有读书高。"虽说这种思想有点封建，但让我们懂得读书很重要。用今天的话来说就是"知识可以改变命运"。她对我们要求很严，我清楚地记得，她是这么教我们的："一千一万，不可翘脚吃饭"；"在桌上吃饭，不要拿着筷子在菜碗里捣来捣去，从自己坐的方向靠近菜碗去夹菜"；"吃饭、坐着的时候，女孩的双臂要夹紧，别这样趴着"……现在的我读懂了奶奶，那就是最本真、最原始的品德行为习惯的养成教育。奶奶已经去世25年了，我仍然怀念她，因为有她，才会有今天的我们。有人说："既然习惯是人生的主宰，人们就应当努力求得好的习惯。习惯如果是在幼年就起始的，那就是最完美的习惯。这是一定的，这个我们叫做教育。教育其实是一种从早年就起始的习惯。"

由此可见，教育就在这不经意中产生了积极的作用，因而造就一个人。这些良好行为习惯对人的一生都起着积极的作用。良好的行为习惯更能体现出一个人的整体素质。初中阶段是学生生理、心理迅速发展、变化的重要时期，是增长知识、接受道德习惯养成教育的重要时期。学生良好行为习惯的养成，有利于形成良好的班风和社会风气。中学时代是人生一个十分重要的阶段，因为它不仅是中学生许多行为习惯养成阶段，也是人生世界观、价值观逐渐形成阶段，更是将来可持续发展、终身学习的打基础阶段。而教育的本质又是育人。因此，抓好初中学生的行为习惯养成教育具有十分重要而深远的意义。

抓初中生行为习惯的养成教育，什么是我们的蓝本呢？大家应该会想到《中学生守则》和《中学生日常行为规范》。

《中学生日常行为规范》，第一部分讲的是自尊自爱，注重仪表，有7条；第二部分内容是诚实守信，礼貌待人，共8条；第三部分讲遵规守纪，勤奋学习，有8条；第四部分内容为勤劳俭朴，孝敬父母，共8条；最后一部分讲严于律己，遵守公德，共9条。《中学生日常行为规范》共5个部分，40条。

根据中学生身心发展特点和规律，《中学生守则》从大处着眼，对学生思想品德形成和行为习惯养成提出了基本要求；《中学生日常行为规范》从小处着眼，从行为习惯养成入手，提出具体的、操作性较强的要求。《中学生日常行为规范》是对《中学生守则》的细化，两者结合使用。

《中学生守则》和《中学生日常行为规范》是中小学生思想品德和日常行为的基本要求，对学生树立正确的理想信念，养成良好行为习惯，促进身心健康发展起着重要作用。《中学生守则》和《中学生日常行为规范》是加强青少年学生思想道德建设的一项重要措施。因此，初一新生入学教育中，要开展《中学生守则》和《中学生日常行为规范》的学习，让它们真正成为初中生的行动指南，引导他们朝着一个良好的方向发展和成长。

我想，"播种一种行为，收获一种习惯；播种一种习惯，收获一种性格；播种一种性格，收获一种命运"说的就是品德行为习惯养成对人的一生都有着重要的意义。

品德行为习惯养成的意义：

陶行知先生说："教育就是习惯的培养。"教育的本旨在于培养学生能力，使学生养成良好习惯。一个人如果养成了良好的习惯，将受益无穷。良好的行为习惯作为中学生学习、生活的重要内容，其好坏直接影响着他们的成长和未来。我们应该把学生行为习惯的培养摆到工作的重要位置。教育的关键在于引导。在教育过程中，要引导学生学会做人、学会学习、学会合作、学会创新。英国教育家洛克说过："随着年龄增长，青少年的自主性和选择性越来越强，许多事情他都应该信任他自己的行动去应付，因为他不能永远受人监护；只有给他良好的原则与牢固的习惯，才是最好的、最可靠的，所以也是最应该注重的，因为一切告诫和规则，无论如何反复叮咛，除非确实形成了习惯，会是不中用的。"

因此，我们应让学生懂得养成良好行为习惯的重要性。俗话说："少若成天性，习惯成自然。"学生的良好行为习惯的培养对学生今后的学习、生活等

成长的道路起着非常重要的作用。斯宾塞在《教育论》中指出："记住你管教的目的应该是养成一个能够自治的人，而不是一个要让别人来管理的人。"

《人民教育》曾有过的一个报道，大家都很熟悉：一名记者采访一位诺贝尔奖获得者，问："您在哪所大学学到了您认为最重要的东西？"那位诺贝尔奖获得者平静地回答："在幼儿园。"记者接着问："您在幼儿园学到了什么呢？"诺贝尔奖获得者说："学到把自己的东西分一半给小伙伴；不是自己的东西不要拿；东西要放整齐；饭前要洗手；要诚实，不撒谎；打扰了别人要道歉；做错了事情要改正；大自然很美，要仔细观察大自然。我一直按幼儿园老师教的去做的。"我们都会认为，这位诺贝尔奖获得者的话可能有些偏颇。但从他的回答中至少让我们得到如下启示：一是做人先修德，也就是人们常说的先成人后成才。天真无邪的儿童，就像一张白纸，在幼儿园里第一次接受人生的教育。把自己的东西分给别人一半，不拿别人的东西等，这些不是就是做人的重要准则吗？二是习惯决定一个人能走多远。有人说，优秀是一种习惯。习惯是怎么得来的，是通过后天培养的。在幼儿园里让他学会了饭前洗手、观察大自然等优秀的习惯，这为他后来的成功奠定了基础。现在学校教育最重要的是要培养学生的各种良好习惯，一旦习惯养成了，还怕做不好事吗？

故事分享——收39袋谷：

暑期，我回乡下小住了一周。我妹给她女儿请了个家教，家教老师是我堂哥家的儿子，今年刚参加完高考，理科生，长沙县一中应届毕业生，考了608分。堂哥是木工，常年在外打工。堂嫂是个农民，在家种田喂猪。大的是个女儿，本科毕业后考上了哈尔滨大学机械工程研究生。在乡下住的这几天有幸认识了这个侄儿。他身高1.82米，瘦高瘦高的个子，戴着眼镜，用一个两三百元的老式手机。每天早上六点半就来陪表妹跑步，吃碗面，8点准时上课，中午11点半下课吃午饭，下午2点半上课，5点半下课。侄儿吃饭时文文静静，举止文明，我细细观察了，他不挑食。有天晚饭后，我去了一趟他家，堂哥嫂还在田里忙双抢，一旁的堂伯告诉我：侄儿一回家就收谷，一坪谷子，先收成几堆，然后灌进麻袋，一共灌了39麻袋。算一算：一袋最少也有100斤，39袋，一共3900斤，全部装好，用车子拖进堂屋，再一袋一袋垒起来。80岁的堂伯也只能帮忙扶一下麻袋。看着满头大汗的侄儿，我内心很感动。对于他而言，这或许很简单，已成习惯了，但爱劳动，孝顺体贴父母、朴实的美德已渗透在孩子的心中，生根、发芽、壮大。看到懂事的侄儿，也让我想起城里那些娇生惯养的孩子，他们衣来伸手、饭来张口的生活是不是有点堪忧？现在，有些学校组织学生去农村体验生活，有些家长联系电视台让自己的孩子参与节目"变形计"，这样的活动是有意义的，更是有必要的。只希望这样的活动不是作秀，要变成常态，才能够真正达到教育的目的。

进化论的创始人达尔文说："我的生活过得像钟表的机器那样有规则，当我的生命告终时，我就会停在一处不动了。"达尔文所说的"规则"，便是指良好的习惯。良好的习惯养成教育内容十分广泛，初中生应主要养成的良好行为习惯分为以下四类：

1. 做人的好习惯（诚信、负责、自信、善于与人交往）；

2. 做事的好习惯（做事有条理、讲究效率、善于合作、积极选择）；

3. 学习的习惯（主动学习、善于思考、合作探究、不断自我更新、与课程同步）；

4. 生活的习惯（坚持锻炼身体、节约、科学饮食）。

抓好了初中生品德行为习惯的养成可为高中教育及大学教育奠定好的基础，更为学生的一生奠定基础。

言行不一现象分析：

在当今的信息社会里，手机已成为一种时尚。不完全估计，我国大约有12亿人使用手机。初中生使用手机的很多，给我们的教育造成困惑。某某学生玩手机，睡晚了，迟到了，班级或所在学习小组的荣誉受影响，他向班主任或小组长承诺以后不会了。可当天晚上，他就把承诺忘得一干二净，又偷偷摸摸玩手机，很晚才睡，结果第二天早上他又迟到了。在行为习惯的养成过程中，最容易出现的就是"言行不一"现象。我们在座的班主任肯定遇到过像这样"言行不一"的学生。下面就对言行不一现象进行一个分析。

（一）当前初中生言行不一的表现

言行不一就是知与行的脱节，是目前初中生道德现状中存在的最主要的问

题，主要表现为以下几个方面：

第一，不知不行。一部分初中生对个人、家庭、公共生活等领域的道德规范知之甚少，不知道什么是对、什么是错，所以就很自然地导致了不良行为。

第二，知而不行。大部分初中生对一些道德规范是知道的，但在实际行动中却不去遵守，是"语言的巨人，行动的矮子"。比如，许多中学生对《中学生守则》和《中学生日常行为规范》的内容背得滚瓜烂熟，可就是不能很好地体现在行动中，没办法落到实处。

第三，知而不完全行。这主要表现在有人在场和无人在场不一样，正规场合和非正规场合不一样，角色不同不一样。比如，老师在时能遵守有关道德规范，而老师不在时却不能遵守；有些中学生在学校是好学生，尊敬老师，善待同学，而在家里却不尊敬长辈，不关爱兄弟姐妹，等等。

第四，知而自己不行，却要求他人行。有些初中生说起他人来头头是道，别人怎么不对，应该怎样去做，分析得很到位，但是牵扯到自己就不行了。这是典型的"宽以待己，严以律人"。

以上种种现象归结起来只说明一点，现代中学生存在着知与行的严重脱节。加之独生子女家庭教育的缺失，家长对孩子的过度溺爱，给这些不良行为提供了机会，这样极大地限制了中学生良好品德的形成和健康发展，使中学生形成虚伪、自私、霸道和懒散等不良品德，甚至产生违法犯罪行为的潜在动因。

（二）造成当前中学生言行不一的根本原因

造成当前中学生言行不一的根本原因，集中表现在三个方面：

一是来自社会方面的。不良社会风气的影响。社会现象形形色色、纷繁复杂，不仅存在真善美，也存在假恶丑，特别在当今社会，许多新的游戏规则没有建立和完善，各种不良的社会风气不断出现。例如，有些人通过不正当手段窃取国家单位的钱财，像这幅漫画作品中的人和事是常有的（展示漫画）。这些社会上的"黑"会给中学生的道德、心灵造成污染，有的甚至被染"黑"。青少年判断是非的能力较差，但具有极强的模仿心理和模仿力，在好奇心的驱使下，最容易做出违反道德规范要求的事情。

二是来自家庭方面的。现在的初中生绝大多数是独生子女，寄托了父母的全部希望。"望子成龙"、"望女成凤",使许多家庭过分追求孩子的学习成绩,而忽视了对孩子进行"做人"方面的道德品质教育,家长对孩子的奖惩也是重物质而轻精神,使孩子产生道德方面的错觉;另外,许多家长自身在道德方面也存在问题,潜移默化地影响着孩子。我们深知:家庭是孩子的第一所学校,父母是孩子的"第一任老师"。父母对孩子的教育和影响,直接关系着孩子一生的道德取向和道德行为。

三是来自学校方面的。其一,在应试教育下,初中生以追求中考"6A"作为自己生存和发展的目标,于是重智育轻德育也就不足为怪。实际上,在许多中学评定"三好学生"就只看或主要看是否"学习好",忽视"德"的考察,造成学生放松了道德品质修养。学习成绩好的同学不愿将自己的学习经验或自己会做的题教给他人,有的甚至在学习上不择手段,弄虚作假。其二,在学校德育教育中起着主导作用的思想政治课教学,往往采用理想化教学模式,希望学生追求最高层次"自我实现"的需要。然而,现实社会生活中却有许多与理想化道德价值观相去甚远的现象,造成思想政治课的"假、大、空",学生很难"信其道",也就很难达到预期的教育效果。其三,学校德育教育的话语权利分配不合理。学校领导和教师是道德教育的主体,总是以教育者自居,学生处于被动接受状态,很难有发言机会,使学生产生逆反心理。其四,教师的道德修养也对学生产生着重要影响。有些教师只重教书,不重育人;有的不注意自身修养,人格低下,在学生面前表现出十足的世故和俗气;有的不注意为人师表,在学生面前说话粗俗,着装随便;有的只"言传"不"身教",对学生说的是一套,自己做的是另一套,等等。针对这些情况,近几年来,教育主管部门加强了师德师风建设,重塑教师队伍形象。

(三)解决当前中学生言行不一的根本途径

学校德育决不能靠规章制度打天下,一定要强调主体道德认知能力的培养,学生的道德修养应该按照"无律—他律—自律—自动"的步骤发展。中国传统的品德修养中有许多好的方法值得借鉴,比如慎独,它的意思是指个人独处时也能按照道的要求行事。道德教育必须是一个帮助学生提高道德认识、陶冶道德情感、锻炼道德意志、树立和坚定道德信念并最后形成道德习惯的过程,使学生养成道德习惯。也就是说,学生的一言一行要符合道德行为规范,完成道德教育由他律向自律的转化。

第一，道德教育的方式、途径要创新。一方面要继续发挥已有的好方法、经验和形式；另一方面，要结合学生的生活实际，要充分发挥学生在道德教育中的主体作用，让他们在亲身实践中体验道德规范，从而真正内化为自己的行为准则。

第二，道德教育的内容应贴近学生生活实际。人们生活在"生活世界"中，任何离开生活世界的道德教育，都将是苍白无力的。道德教育的评价准则是生活。以往道德教育的弊端，就在于脱离了学生的生活实际。因此，只有从这一源头入手，才能使我们的道德教育做到"柳暗花明又一村"。

一次，在网上闲逛，无意中看到了这么一句话：教育有时就是一种提醒。这句话说得好。在平时的生活中，我们常常会这样："老公，记得提醒我，下周某某时间我要去哪里做什么事。""女儿，你的家长会是星期六下午两点吧，你要记得提醒妈妈。"人的一生，其生命内在的规律与生命的密码已经蕴藏了许多东西，这些东西都是生命中与生俱来的，我们的教育并不是全能的，无论学校还是教师都不能够代替学生的成长，但是，我们却可以创设条件帮助他们成长。人在成长过程中，有时需要的仅仅是一个提醒。人生有些路，走过了，就没有回头的可能。学会选择的前提，就必须思考自己要走的路究竟是一条怎样的路。不仅是学生，也不仅是教师，其实，人的一生都是面临选择，也需要他人的提醒。有时仅仅是一句提醒，人生的幸福程度就大不一样。

第三，学校道德教育要做到方法多样、形式活泼。中学生的年龄特点决定了他们不喜欢空洞的说教，要达到比较好的教育效果，就要以灵活多样的方法、丰富多彩的形式作为载体，使学生在具有趣味性、吸引力的活动中潜移默化地受到教育，自觉培养优秀的道德品质。

养成教育的措施：

（一）加强德育关键环节

第一，加强课程育人。

1. 加强对品德、语文、历史、体育、艺术等各科统筹。

德育育人是学校全员参与的，学校的德育主任、各班的班主任老师要做好学生的思想教育工作，其他科任老师也有责任参与到其中，要充分地利用课程、利用教材开展德育教育，让学生在一个良好的德育氛围中收获到更多的信息，而逐步内化成自身的良好的品德行为习惯。

2. 要在传授知识和培养能力的同时，将良好的情感、端正的态度、正确的价值观自然融于课堂教学过程。

第二，加强实践育人。

1. 有序组织学生走出校园、了解社会、感受生活，引导学生学思结合，知行并重。

2. 要积极引导学生参加志愿服务和社会公益活动，乐于参加力所能及的体力劳动，让学生不仅学到知识，还学会动手，学会动脑，学会做事，学会生存，学会合作。

这里，我要向大家推荐一本书，由傅国涌编的《过去的中学》。他说道："中学在一个人的成长中是一个关键阶段，对人格的塑造、思想的定型、习惯的养成往往更为关键。"其中这段文字给我印象最深："确实，一所好的学校，无论是中学还是大学，都应该是能让每一个从那里出去的学生，在漫长的生命途中时时驻足回望的，是能让学生有一种精神归属感的。中学正值人生最美好的年华，是生命之花含苞待放的时段，一所好的中学给学生提供了的除了知识，更重要的还是一种求知的方法、路径，是一种精神的训练，是打开认知世界、观察社会的窗户，或者说提供一个眺望世界的平台，是启迪心智，点亮每个人心中的那盏灯，是对创造的鼓励和激发，肯定每个人的梦，尊重而不是抹杀个性。"书中《兼善中学学生旅行团赴渝参观记》一文中就写得很详细。第一部分写兼善学生旅渝之七大目的，包括：（1）就实际的机会与学生以必要的训练和锻炼；（2）就社会繁复而严重的关系，使学生知道自重与自警；（3）使学生明了社会事业进展的情形，而知道科学的应用；（4）就学生的个性和能力，分别给以实际的问题，使之加增应付的力量；（5）亲承名言，游览胜迹，使学生于不知不觉间，有振拨之兴趣；（6）采集或征集有关于科学研究而不易得的品物；（7）调查社会事业的倾向，以为教学和办学的改进参考。第二部分写兼善中学定五月十二

返峡。第三部分写兼善学生忍苦耐劳。第四部分写兼善学生自述旅学后之进步，分为两个方面，一是知识方面；二是行为方面，行为方面又分为团体的、个人的和身体方面。第五部分写旅学中所感觉的缺点，是由渝返校后整理，包括知识方面、行为方面、身体方面、如何保持旅学后的进步、如何补救旅学中所感觉的缺点等。兼善中学的这次活动是在1931年4月徒步开展的一次活动，在评点这次活动时，他们说到"增加了走路的勇气和精神，做事不疲倦"。像这样的大型活动，持续十几天，参观学校、工厂，借驻大礼堂，还有活动的总结和对照分析，真正达到了活动的目的，体现了实践教育及研学旅行的真正价值。试问我们今天组织的夏令营，有没有这样具体、细致、实在呢？这值得我们思考。这本书也是我们名师工作室推荐要读的书，我也把它推荐给大家，其中那些真实的记录、朴实的文字，或许能指引我们的工作。

（二）改进德育现实层面

第一，改进理想信念教育。

理想信念对人的发展具有重要导向作用，中学生只有树立崇高理想和远大志向，学习才有动力，前进才有方向。

说起这些就让我想起这个学期的一件事。我们语文老师都知道，这个学期，"中国梦，我的梦"征文活动搞得很火。我班23个学生都参加了，大家很认真，好的文章就不夸了。班里一个不打眼的学生，他的一篇文章让我吃惊。他在作文中写道：我的梦就是毕业后，开一个小店，我想自己有钱，不愿从妈妈手里拿一点算一点。我还要找一个漂亮的女孩做我的老婆，我会买999朵玫瑰和钻戒送给她，并告诉她，你要和我一起做事，我才会给你钱。……我的学生和你们的学生不一样，他们会很坦诚地写下自己的想法。读着他的作文，看着他平时的表现，就能想到生活、家庭、社会给予他的那些太过现实的东西，以及这些东西对他的影响多深。为此，我把他找来，一起面批了他的作文。他没错，只是一个孩子，他应该有更高的目标和更美好的追求。连续一周，我都把他叫到我的办公室，给他讲故事：我1991年刚上班时带的两个学生。一个叫肖晟，他毕业于长春大学美术系，现在的他开办了个人工作室，带了很多的学生画画，每个周末都来我们学校，给在校学生办美术培训班，他正在筹备自己的个人画展。他今年快30岁了，才结婚生孩子。另一个学生叫佘鹏，毕业于浏阳职业技术学校，这个学生从小就当干部，工作能力很强，前几年，学校招聘聋人老师，他通过考核，成为了我们学校一名优秀的聋人老师。通过这些他熟悉的身边人的故事来教育他，希望他有更高的志向和追求。

第二，改进学生意识教育。

重视学生良好的道德品质和行为习惯的养成，加强传统美德教育。

青少年是祖国的未来，是祖国未来事业的接班人，从青少年开始进行民族精神教育，是使中华文化优良传统得以承传的有力保障。应利用中国的传统节日，如清明节、端午节、五一劳动节、五四青年节、七一党的生日、十一国庆节等开展多种形式的教育活动，组织学生扫墓、参观爱国主义展览、观看爱国主义影片、聆听革命英雄讲革命传统故事等活动，开展丰富多彩宣传教育活动，教育、引导学生不断增强民族自尊心、自信心和自豪感，弘扬和培育学生的民族精神，以利于在潜移默化中使学生养成良好行为习惯。

第三，改进心理健康教育。

高度重视心理健康教育，将其作为学校的一门课程来抓，将学校建设成学生的精神乐园。

第四，改进网络环境下德育工作。

网络已成为学生学习生活的重要方式，对学生价值观的形成和道德认知具有重要影响。重视网络环境下的德育工作，兴利除弊，是学校德育与时俱进的必然要求。

网络资源兼具声色俱全、图文并茂、声情融会的特点，易于吸引人的注意力，同时信息内容复杂，既有科学、健康、有益的大量信息，伪科学、不健康、有害甚至反动的信息也充斥其中。庞杂的信息会造成思想的迷惘，何况初中生大多自我约束力不足和道德规范意识不强，思想更容易被影响。

作为老师，除了呼吁社会净化网络环境之外，我们可以通过其他方式来引导学生，培养学生正确的网络价值观。

首先向学生推荐好的学习网站和优秀的青少年网站，让网络成为学生文化学习的"良师益友"。

其次建立班级QQ群，通过学生们的聊天内容，掌握学生的思想动态，对于涉及暴力、色情等不健康的内容，我们要及时制止，删除这些内容，防止传播开来。

再次学校建立网站，学生可以在学校网站上了解学校最新大事，获取科学健康积极向上的信息。

读万卷书，不如行万里路。

行万里路，不如阅人无数。

阅人无数，不如名师指路。

名师指路，不如自我顿悟。

朱自清先生在《教育的信仰》中谈到，教育界中，无论是办学校的、做校长的、当教师的，都应当把教育看成是目的，而不应该把它当作手段。如果把教育当作手段，其目的不外乎名和利；结果不仅不利于学生的"发荣滋长"，而且还会"两败俱伤"、"一塌糊涂"。那么，什么是教育的目的呢？"教育有改善人心的使命。"他认为学校太"重视学业，忽略了做人"，学校就成了"学店"，教育就成了"跛的教育"，而"跛的教育是不能远行的，正如跛的人不能远行一样"。所以，他说："教育者须先有健全的人格，而且对于教育，须有坚贞的信仰，如宗教信徒一般。"在一个具体的教育环境中，校长的作为，教师的"师"、"范"作用，可以在一定程度上改善教育的品质。

站在今天的讲台，回想当年，不满20的我当老师，而今已走过了风风雨雨23个年头。特别是今天有幸和大家一起学习、交流，给了我一次很好的锻炼，谢谢大家聆听我的故事。看到在座的你们，也就看到了10年或20年前的我。我想用我的成长经历告诉大家：为人要踏实、严谨，教学要扎实过硬，班主任工作要细致、耐心，工作要勇于创新、敢于挑战，努力赢得家长的支持和学生的信任，做一个受欢迎的好老师、好班主任，就是一种实实在在的幸福。在长沙教育这片广阔的天地里，我将和年轻的你们，尊重生命，温暖教育，携手前行。

（周芳老师在2013年暑期长沙市优秀班主任培训中的专题发言）

做一个有作为、有影响力、有幸福感的班主任

怎样做一个"有作为、有影响力、有幸福感的班主任"呢?

我想,先和大家分享一段视频。(展示一段视频)

每次看到这些青春的笑脸,我都有一种油然而生的幸福感。因为从孩子们身上,我真正感受到了什么叫做"有作为"和"有影响力"。

或许有老师会认为,黄老师,全班上重本就是"有作为"吧?不对,我从不否认现行教育体制下分数的重要性,但以分数为唯一指向、以升学率为唯一标准的"作为",很有可能是牺牲了学生的发展力、创造力,牺牲教师内心自由甚至家庭幸福换来的,不能算是真正的"作为"!

或许又有老师认为,对了,黄老师,出名就是有"影响力"吧?也不对,做老师若只奔着虚名而去,一定会迷失方向,最终肯定是晦暗不明;而在功利主义思想教育影响下的学生,也不可能拥有幸福人生。

我所理解的"作为"和"影响力",不仅表现在师生一起奋斗实现进高一时立下的全班上重本的梦想,更体现在通过三年的班级管理和引导,帮助孩子形成有益的价值观,唤醒自我的潜能,并能合理地进行自我规划,提升生命的质量,活出生命的意义。我认为,这种立足于学生"终身发展"的"作为"和"影响力",才是真正有价值的;拥有这样的"作为"和"影响力"的老师,才会真正感受到教师独有的幸福!

那么,如何对学生产生更大更积极的影响力?如何获得自身的职业幸福呢?我们可以先想想教师为什么会倦怠。在思考这一点时李镇西老师的很多观点也启发了我。总结起来,比较突出的原因有:一是内心麻木远离学生,做"目中无人"的教育;二是按部就班拒绝变化,做"一成不变"的教育;三是瓶颈制约无力突破,做"原地踏步"的教育。所以,我想从以下三个方面谈谈自己的体会。

一、重视爱与沟通,做"以人为本"的教育

例1 一份独特的见面礼(2010年9月):

那是开学的第一天，班上召开了一个自我介绍班会，我要求每个孩子在黑板上写下了自己的名字，然后，还将自己的名字写在了最下面的空白处，全班一起玩了一把行为艺术，并拍下照片留存。晚上，我配发了几句话，发到了班级的家校平台上。我这样写道：

瞧，在附中的这一间教室里，在这一块洁净的黑板上，

你们，写下了新天地里新起点的第一笔！

那井然排列的名字，说明了什么叫规则，什么叫尊重，什么叫自律；

而那各自独有的笔迹，那或轻或重的点提、或长或短的拖勒……

亦能折射出你们内心磐石般的坚韧与执著，

春草般丛生的追求与希望！

而我，要感谢你们，给我留下了最适合的位置。

在那一个个年轻而稚嫩的名字的下方，

看似小小的我，也会去大大地书写教师独有的激情岁月。

或曰铺路石，或曰渡船，或曰人梯，

或是守护者、引领者、托举者！

我，和我的同伴，会用最朴实的心，

给你们打造最华丽的舞台！

事隔三年，如今我仍能回想起写这些文字时内心的思绪起伏。这一是写给自己做警示语，提醒自己，当了十多年班主任，不能"麻木不仁"，要怀着一颗敬畏之心，认真对待每一个鲜活的生命；要保持真诚而不失理性的爱，因为这是一切教育行为的源头。二是借此传达教师的信念与追求，表达教师团队对孩子们最诚挚的爱。

举这个例子，还想阐述的是沟通的艺术。不管是和学生，还是对家长，班主任要能清晰且有说服力地表达自己和所代表的组织的观点。在这首散文诗中，我尝试用诗化的语言，表达对学生的要求和期待，比起成天刻板地念叨要懂得规则、懂得自律，效果要好很多。此外，将它发在班级网站上，也是有意在信息化背景下，充分利用网络平台，促进家校沟通。

二、善于创造和引领，做"与时俱进"的教育

学生的变化折射的是社会和时代的变化，变化可能会让我们倍增烦恼；但没有变化的教育工作，是缺乏生命力和吸引力的。如何管理变化？有三个词值得琢磨：预见、迎接、创造。

如何预见变化？重在探寻和掌握教育教学规律和学生身心发展规律，未雨绸缪开展工作。

如何迎接变化？重在能依据一定原则，及时调整思路、心态、策略，做到应对自如。

前两者经常是必做或者不得不做的，但我认为，要"有所作为"，班主任一定要大胆地创造变化。这种创造体现了教育的时代性和目的性，是班主任在一定教育理念指引下，将教育意图与新的教育形式有机结合的一种创新性教育实践。它可以是活动内容的更新、形式的变换、手段的变化，也可以是地点的演变、时间的突破、视角的转换等方面。但值得注意的是，一定不能为创新而创新，为活动而活动，要充分发掘活动所蕴含的德育价值。换言之，创新是为了引领，引领学生丰富精神内涵，争先创优、自我超越。

在过去三年中，我有意识地创设了班级学习小组建设、班级文化建设、"图书漂流"、"垃圾分类和回收"等诸多班级特色活动。这里选坚持三年的"感动十二"人物评选活动来做一个解读。

例2　八场特殊的盛典（2010年9月—2013年12月）：

这个活动实际上是借"壳"生"蛋"，借用了央视精神类品牌栏目"感动中国"的形式。其栏目理念是"给前行者力量，为善良者喝彩。汲取心灵养分，传递感动火炬"，非常符合班级管理中加强榜样示范，发掘精神内涵，实现人文引领的需要。

要说明的是，班级活动的创造不等同于科技创新，不一定要追求形式独创性，比如这种活动很多老师也在做，具体每个人的指导思想不一定相同。在设计与实施这一活动时，我认为，"每一个人都是独一无二的个体"，所以，应坚持这样的指导原则，即"将每一个环节赋予教育的意义，让每一孩子焕发独一无二的光芒"。

前奏：积极主动阐明意图，大张旗鼓开展海选

首先，要认识到"活动前的意义宣讲重于活动过程本身"。要引导学生充分思考：为什么要组织这个活动？作秀吗？不，是学会寻找身边的感动，并懂得珍藏这些感动，并努力给予他人感动。再来大张旗鼓地评选，会有很多班级人物和生活细节冒出来。在评选中大家逐渐认识到：要学会赞美别人，要有一颗善良的心和善于发现美的眼睛，还要敢于和善于表达爱。评选过程就成了大面积表彰的过程，也是大家重温美好和期待美好的过程。我曾经问他们，这么多优秀事迹，是不是多评几个？孩子们说：不，每次三个，宁缺毋滥，更值得珍惜！那也行，但每次我都把被提名的孩子名字和事迹也公布在班级网站上，作为另一种方式的肯定。

正章：重视仪式的隆重热烈，发掘活动的丰富内涵

其次，努力赋予"每一个角色其存在的教育价值"。获奖人风采自不待言，其实还有一些角色可以发掘。比如说颁奖人，给班长颁奖可以是班主任，因为她是班主任最重要的助手；给卫生委员颁奖的如果是班长，是不是更能体现班团委这一个团队？还有一次我们要颁奖给两位班歌创作者，谁来颁奖呢？后来大家提出让一个班上非常调皮的男生去颁奖，因为他爱好传媒，梦想是要当"芒果电视台台长"。让他以梦想中的身份来颁奖，既活跃了气氛，也肯定了他的梦想，能鼓励他怀揣信念，继续努力，这就是一举多得。这孩子今年真考上了中国传媒大学。

再比如说颁奖词谁来创作，谁来宣读，也值得琢磨。有一次，班上查出勤特严的张韬同学评上了，在推选写颁奖词的人时，最爱迟到的周宓举了手，说"我来！"她这样写道："你就像一座大山，为我们竖起时间的标杆，为我们默默诠释着什么是坚守，什么是责任！把一件小事做到极致，就足以让每一个人感动。"瞧，对于周宓而言，"外驱式教育"自然而然变成了"内化式教育"；对班级而言，"教师的教育意愿"也自然而然地转化成了"集体的舆论"。

余音：活动后的思考和活动的延续

最后，要"活动后的总结提升其重要性远大于评选结果本身"。我们品味感动，却又不能止于品味，更应该在感动中寻找未来之路。比如，如何把感动转化为现实的行动，我们能不能在被感动的同时，努力也去感动他人呢？引导

学生去延伸思考这个话题，才有可能把热热闹闹的班级活动中最有价值的东西沉淀下来，在反思和行动中实现德育的自我内化。这些图片反映了融洽的同学关系，也反映了孩子们对社会弱势群体的关心和帮助。

三、加强阅读、思考与教育写作，做"自我超越"型教师

这里，我想简单勾勒一下我的个人成长之路。

例3 一条个人成长之路（2002—2013年）：

2002年之前，两度逃离班主任岗位，甚至想"再也不当班主任了"！

2002—2005年：重点阅读《班主任之友》，注重应急性的实用性技巧，简单的"拿来主义"；成绩不错，但冷静地反思，带得很辛苦，班级离理想状态也还很遥远。

2005—2008年：教育硕士"学习型组织理论"，重视理论提升，并不自觉地思考、梳理，尝试一点一点点地优化自己的教育行为。

2010—2013年：尝试理论回归实践，自觉地运用教育理念去设计一些教育实验；开始教育写作，近200篇博文；三年德育论文的选题都针对性地去探索和总结。

2013年9月至今：由于工作岗位变化，再次调整研究方向。因为接触问题学生比较多，我调整了阅读方向，比如《问题学生诊疗手册》、《非暴力沟通》、《如何与差生谈话》、《心理绘画研究》等，并进行案例积累，及时记录并思考。不是任务，是兴趣所在和责任驱使，是自我发展和自我提升的需要。

回头看时，我觉得，教师的成长首先是要外力助推。比如师大附中在管理班级上更多是强调宏观调控，尽量给班主任宽松的环境去自由发挥；要求班主任写论文、参加交流会，就是在助推加力、创设平台。

但被动地去接受管理，将永远感觉被束缚不能获得心灵的自由；消极地面对培训，也永远不可能把他山之石变成属于自己的宝藏。所以，班主任专业成长的关键是"自我培养"、"自我超越"，最终才能"自我实现"。

如何实现"自我培养"？阅读、思考和教育写作就是关键，在座的很多专家就是这样锤炼出来的。在阅读的时候，和实践经验碰撞相结合或者相碰撞，就进入了思考状态，由此就产生了思想。特别是针对自己教育理念、教育行

为、教育结果的反思，极具价值。当我们为自己一个小小的尝试而欢欣、为学生成长中散发出的点点光亮而雀跃、为自己犯下的有心无心之失而懊悔时，我们拿起笔，真实地记录下来，这，就是教育写作。三者有机结合，就能实现自我的超越！

尾声：一封感人的学生来信（2013年7月）

最后，将学生写给我的信中的一段话送给大家共勉。她在填志愿时坚持填了华东师范大学。

我骨子里是喜欢奉献的，天生就想要被人需要。我感觉老师这个职业就像是为我量身定制的——传播知识，奉献爱心。我想从这份职业中收获的是，培养一双双看世界的眼睛，让一个又一个人产生能使之终身受益的价值观，勇敢地去追寻属于自己的蓝天，并能影响和改变身边的世界。我相信，那时，即使皱纹爬满眼角，双手也因粉笔灰的侵蚀而变得粗糙，我也一定很幸福！

祝愿大家都能做一个"有作为"、有"影响力"并能收获满满的职业幸福感的班主任。

谢谢大家！

（黄雅芬老师在2013年湖南省班主任年会上的专题发言）

第二章 阅读启迪

导 言

　　朱永新老师说："共读，是一个班级、一个家庭、一所学校、一个社区、一个国家乃至于整个人类通过阅读继承共同的文化遗产，拥有共同的语言和密码，从而能够共同生活的最重要的途径之一。"是的，但凡伟大的教育者都是伟大的读书者。阅读，是个人成长的第一步；共读，是工作室发展的第一步。在阅读的基础上，我们交流分享，我们反思创造，我们提炼出自我的教育主张，形成自己的教育高地。工作室成立近一年来，我们共读了三本书：《过去的中学》、《给教师的建议》、《第56号教室的奇迹》。阅读，让我们的老师既能脚踏实地地行走在教育之路途上，又能仰望教育的星空，生成高于一般技术或艺术的观念和思想；勇于凝视教育的真实、教育的原型，从而给现实的教育行动赋予高贵的和谐形式，而不是简单地受制于当下的现实。

第一节　在重温中追寻过去的教育精神

——阅读《过去的中学》

在重温中追寻过去的教育精神

《过去的中学》摆在案头，一遍一遍地阅读，咀嚼的是文字，品尝的是幸福和美好：读书真是一件幸福的事儿，教育真是一个美好的事儿。在反复的咀嚼与品尝中，我们会发现，这所有的美好和幸福，潜藏在教育的基本精神里：与人类主流文明接轨的全人格教育理念，以学生为本位的教育原则，以教育为信仰的教育实践。

一、全人格教育

过去中学的办学者、校长和老师，能高屋建瓴，站在"教育救国"的高度，以促成个体全方位的成长为宗旨，从身体、智力、道德、审美等角度关注孩子的情感培育、价值取向和心灵成长，以达到个体人格的圆满，身心的和谐。

杭州一中的经亨颐校长在广采博引国内外先进教育思想的基础上，提出了"人格教育"的主张。他所主张的"人格教育"："以身作则，刚正不阿，精神大公，思想开朗，注重感化与启发，反对保守与压制。对于学生因材施教，辅导其自动、自由、自治与自律，不加硬性拘束。对于课程，主张全面发展，自文学、艺术、科学、数学以至体育、运动，无不注重。举凡陶铸个人身心各方面之知、德、体、美、群五育，无所不包，而目标则在于培养正直、坚强、学识兼备之人才，为国家服务。"强调以陶冶人格为主，强调德智体美全面发展。此外还力主活跃学术空气，丰富课余生活，注意多方面培养和陶冶学生人格。

在这样的一种全人格教育的氛围中，学生的个性得到了张扬，能力得到了提高，精神状态饱满而热情，精神气质思想魄力也不同凡响。杭州一中的学生办起了浙江省第一份新文化刊物《明星》，办刊之目的在于："一方面竭力把新思潮传布，一方面对于守旧派，立于指导的地位，下一种诚恳的劝告。"表现出青年那份难得的勇气与担当。后又发展为周刊《浙江新潮》，目的更明确，旗帜更鲜明："人生最后的鹄的，是：生活、幸福、进化。实现的条件，是：自有、互助、劳动。这就需要改造社会。"更见杭州一中青年的思想、气魄与胆识。

其实，人格教育的主张并非经亨颐所独有，而是那个年代教育先哲们的共识。

如汇文中学的高凤山校长提出了"全人教育"的宗旨：（1）增进身体健康；（2）涵养审美情操；（3）增殖职业知能；（4）预备升学基础；（5）练习善用闲暇；（6）学做良好公民；（7）养成高尚品德。这七条宗旨，与校训"智、仁、勇"相互补充，相互阐发，相得益彰。汇文中学"全人教育"的宗旨所带来的优良校风，为学生创造了一个开放自由的环境。发展了学生的才能，铸炼了学生的精神坐标，使学生获得了滋养一生的财富。

又如原北京师范大学附属中学校长林砺儒先生推行"全人格教育"理念，他认为，"全人格的教育，是使学生活用其人格的活动力，来实地经验各种高尚的有价值的生活"，"中等教育的任务是引导少年人格之放射线到各方面去"。还有，南开中学的张伯苓校长倡导"公"、"能"教育的信条，视"德育为万事之本"。他认为，"教育范围绝不可限于书本教育、智育教育，而应特别着手于人格教育、道德教育"。

他们的表达虽各有不同，但殊途同归，对学生精、气、神的培养是一致的，使学生人格得以圆满陶冶，个体得以和谐发展的目标是一致的。

傅国涌先生说："在本质上，我感到学校不仅是传承知识的场所，更是培养学生精神气质的圣地。走进校园，不是为了走进一条课本知识的胡同，而是走向一个追求'真、善、美'的广阔原野。"是的，这种全人格教育的理念给予了学生思想上的引领、人格上的熏陶，使学生的生命立于一种真切而自然的高度，将给学生终生的滋养。

二、学生本位

过去的中学没有"一切为了学生，为了一切学生，为了学生的一切"这类响当当的口号，他们所推行的学生本位，不是停在口头上，挂在墙壁上，而是体现在行动上，体现在学校教育教学的举措中。

1. 课程内容，不用现成，但看需要

汇文中学国文教师不大用现成的国文课本，而多由自己来选，还有的老师用当时出版的"活页文选"。夏丏尊先生在春晖教国文，正值社会弥漫复古思潮的时期。为让学生得到真才实学，他自己精编教材。所选课文除部分优秀古典作品外，其余大多采自《新青年》、《新潮》、《创造季刊》。赵俪生就读青岛胶济铁路中学时，一群从北大北师大毕业的有学识有新思想的老师开创了全新的课堂："语文课堂上讲起了白话诗、白话散文、白话短篇小说；公民课堂上讲到了辩证法三大公律；在党义课堂上也在讲周佛海的《三民主义之理论的体系》……。"这些内容，使他的头脑开始接受第一次铸造；他的灵魂，也浸入了第一个染缸。所以，他深深地感受到这个时期是"浸润在新文艺中的十年，除非身历的人，很难想象我们那批十四五岁孩子初历头脑解放时的喜悦"。

放着现成的课程不教，但管需要，也便创造。这些贴近学生需要贴近学生心灵的课程，才是真正以学生为本的课程。

2. 考试评价，不顾规则，但看才情

钱穆先生在《常州府中学堂》一文中写道："一次考试，出四题，每题当各得二十五分为满分。余一时尤爱其第三题，乃首答此题，下笔不能休。不意考试时间已过，不得不交卷。如是乃仅答一题。诚之师在其室中阅卷，有数同学窗外偷看，适逢余之一卷诚之师阅毕，乃在卷后加批。此等考卷本不发回，只须批分数，不须加批语。而诚之师批语，一纸加一纸，竟无休止。……而余此卷只答一题，亦竟得七十五分。"

南开学生谢邦敏富有文学才华，但数、理、化成绩不佳。1941年毕业考试时，他物理交了白卷，但心有不甘，即兴在卷上填词一首，调寄《鹧鸪天》。物理老师魏荣爵水平之高、态度之严谨，校内有口皆碑。他评阅试卷后，也在上

面赋诗一首："卷虽白卷，词却好词。人各有志，给分六十。"于是谢邦敏顺利毕业，并考入西南联大法律系，毕业后先在北大法律系任助教，后任职法院，成绩斐然。

规则是死的冷的，人是灵活的温暖的。以冷的规则"一刀切"，容易造成虚假与呆木，学生的个性与才情难以凸显。诚之老师无视考卷规则，虽钱穆只答一题，依旧给了75分，无须加批，却写详批；魏荣爵老师更是手下留情，网开一面……这两位老师不顾条条框框的束缚，不以规则为标准，而以学生个性的彰显、才能的发挥为标准，重在对学生智慧的欣赏，对学生思想的肯定，他们对学生的悉心呵护之心和培养之心是地地道道的学生本位之心。

3. 教育教学，不论师道，但讲宽容

德国哲学家马丁·布伯在《我与你》一书中提到，人持有双重态度，其一是"我与你"，其二是"我"与"它"。并提出了"人无'它'不可生存，但仅靠'它'则生存者不复为人"的观点。过去中学的老师，从"我"与"它"的关系中走出来，视生如"你"，和学生平等对话，用心贴近学生，达成师生之间心与心的交汇，灵魂对灵魂的对白。

杭州一中的国文教师杨学洛先生，是杭州有名的桐城派。他选给学生读的文章，都是桐城派的名作。而他的学生阮毅成则用白话文写作文交给他。面对白话文作文，杨老师仍用旧式圈点批改，有些段落还连用密圈表达赞许，许多学生争相仿效，杨老师同样给予圈点和很好的评语。一个熟谙古文的老师并不将学生囿于狭隘的古文天地，宽容有度量。

重庆南开中学的国文老师孟志荪先生喜欢在教室学生座位前后左右穿来穿去，连说带演，极引人入胜。他还喜欢突然指着一个学生问问题。有一次他走到郑家骏面前："你说，奸巨滑上面是个什么字？"郑家骏一时大胆，用手指回他说："老。"他狠狠瞪了郑家骏一眼，然后哈哈大笑说："骂得好！骂得好！"弄得郑家骏很不好意思。

朱自清先生在春晖中学任教时，一次，学生王福茂写了一篇作文《可笑的朱先生》："他是一个肥而且矮的先生……近右额的地方有个圆圆的疮疤……最可笑的，就是他每次退课的时候，总是像煞有介事的从讲台上大踏步地跨下去，走路也很有点滑稽的态度。"朱自清不以为忤，反而在这篇作文下面画了许多双圈，并在课堂上读给大家听，赞其是一个榜样，描写人让人读后如见其人。

杨学洛、孟志荪、朱自清等过去中学的老师，他们以坦诚、信任、宽容的心态敞开自我的生命，积极迎接学生的生命世界，尊重学生的情感体验、判断和选择，尊重学生的自尊心和人格……把每一个学生视为平等的对话者，制造了平等、和睦、合作的师生交往氛围，构建了和谐美丽的教育境界。其谆谆教诲，如春风化雨，使学生的做人之道和学识的长进都来得自然而真实。

三、教育信仰

朱自清在《教育的信仰》一文写道："教育者须对于教育有信仰心，如宗教徒对于他的上帝一样；教育者须先有健全的人格，尤须有深广的爱；教育者须能牺牲自己，任劳任怨。"过去中学的老师，执着地坚守着这样的教育信念和教育使命，对教育全心投入细心呵护者有之，如夏丏尊先生；为践行教育理想愤而辞职者有之，如匡互生老师；为了自己的教育信念虽赴汤蹈火也不顾者有之，如赵君达校长。

夏丏尊先生：先生在浙江两级师范学堂任教时，曾毛遂自荐兼任舍监。每天清晨叫学生起床，晚上查学生就寝，遇私点蜡烛的，他熄灭蜡烛后予以没收；和衣而眠的，他促起脱衣盖被；熄灯后溜出校门玩耍的，只加恳切地劝导，学生屡教不改，他也只是苦口婆心地劝导，直到学生心悦诚服，真心悔过，并不来任何严厉的责罚。他曾说，教育没有了情和爱，就犹如池塘没有了水。他对学生对教育倾注了满腔的热情，学校有了什么问题，别人都当作例行公事处理，他却当作自家的问题，真心地担忧。丰子恺先生评价他："国家的事，世界的事，别人当作历史小说看的，在夏先生都是切身的问题……"

匡互生老师，对学生有一种特别的爱。第一次和学生见面，就在学生食堂与学生一起吃饭。在那个阶级分明等级森严的年代，这一举动轰动了全校；匡先生作为训育主任，从不训人。他理解学生，关心学生，体贴学生。当学生黄源因毡帽一事与体育老师发生冲突时，他毅然站出来主持正义，为学生说话而不成，就愤而辞职离校，来捍卫他的学生立场和农民情怀。黄源对劳动人民态度的变化就缘于匡先生的潜移默化的影响。

赵君达校长：天津耀华中学的赵君达校长，在天津已沦陷一年的1938年夏天，不顾身家性命，冒犯了日本侵略者：一是不顾日本当局勒令停办学校的命令，坚持办学，为使大批学生不致失学，还接纳了南开中学的学生（因南开大学迁往内地，中学不能同行，校址在中国地界，已为日寇占领）；二是拒绝按日伪的旨意更换教科书。结果，为侵略者所不容。先是子弹威胁警告，后行暗算之手段。赵君达校长为了学校、为了孩子、为了他的教育信仰，以身殉职、殉国，他的爱国热忱、忠诚教育事业的精神对学生幼小的心灵所产生的震撼力是无法估量的。

这些以教育为信仰的校长、老师，捧着一颗坦白、温热、忠于后一代的心，无论事情怎样琐屑，都不辞劳苦地去做；无论时局如何困难危险，都一如既往地坚守，令人心生无限崇敬之意。

抽身书本，回归现实，内心滋生一种"幸福是他们的，我什么也没有"的薄凉之感。苏格拉底说，未经省察的生活是不值得过的生活。2000多年前的这个声音，仿佛一记重锤，敲击着我们去反思反省今天的教育生活、教育使命。

今天，这种全人格的教育理念、学生本位的教育原则、以教育为信仰的实践行动还可以在当下倡导并践行吗？

今天，我们又在倡导怎样的教育理想，践行着怎样的教育行动呢？

学者汪丁丁在《教育的问题》一文中说："当整个社会被嵌入到一个以人与人之间的激烈竞争为最显著特征的市场之内的时候，教育迅速地从旨在使每一个人的内在禀赋在一套核心价值观的指引下得到充分发展的过程蜕变为一个旨在赋予每一个人最适合于社会竞争的外在特征的过程。"是的，现今的一些教育已由注重个体生命人格完满的教养性教育沦为了适应个体现实生存需要的职业性（生存性）教育，已然变成了谋生的手段和工具。对生活意义的探寻、对人生价值的追求、对个体德性的呵护渐趋于渺茫与虚空。我们的一些教育离生命的本原越来越远，离诗意的栖居、尊严的生活也就越来越远。

我们不需要这样的教育，我们需要的教育应注重鲜活完整德性的培育、注重和谐美好人性的启迪、注重丰盈健全人格的塑造，促使个体保持心灵世界与世俗世界之间必要的张力。所以，我们需要在以功利为中心的现代教育的强光中，守住教育的一脉古典余韵、一瓣幽微馨香；在喧哗与浮华中找到自我心灵回归的小径，获得滋润当下教育的精神底气，恢复教育生活的沛然生气。

"我斥责那班以教育为手段的人，我劝勉那班以教育为功利的人！我愿我们都努力，努力做到那以教育为信仰的人。"追寻过去的教育精神，"做一个以教育为信仰的人"，请常常这样提醒，请时时这样行动，我对我自己说。

（陈立军）

追寻逝去的背影

前段时间，由于备战高考，对《过去的中学》一书，阅读零零碎碎，印象模模糊糊。高考结束后，反复咀嚼，其人其事凸显眼前，零碎模糊的印象渐渐连缀清晰。掩卷沉思，触动颇深。

"过去的中学"是怎样的中学？民主、开放、重发展。这校园的生气和活力来自一种与近代以来人类主流文明相接轨的开放的教育理念，来自校长、老师对教育神圣的使命感、责任感和对学生发自内心的关爱，来自学生自主学习、实践、创造的自由与快乐。"过去的教师"是怎样的教师？正直、包容、专业精湛、尊重学生个性、让学生回想起来充满温暖和骄傲的老师们：讲课时让学生如醉如痴的语文老师时雁行，翻译过"范大代数"的数学老师韩满庐，得过"三铁冠军"的体育老师张汝汉，精通古典诗词的地理老师王树声……"过去的学生"是怎样的学生？笃学、活跃、敢想敢干、个性张扬：杭州一中自发组团办刊物的阮毅成，澄衷学堂敢说敢干的班长胡适，固执于写文言文的程月初，在校开始了文学生涯的李健吾，从北师大附中走出的物理学家钱学森……书中的诸多案例印证了教育的根本目的就是为人，一切教育行为都应以培养人的独立思考能力、创造能力和具有公民意识为中心。

作为今天的教育者，虽无需过分诟病今天的教育，但心中总觉得今天的教育似乎缺失了点什么。如何寻回那些失却的但又弥足珍贵的东西，成为我们今天的教育工作者的时代责任和神圣使命。

一、教育是"为谁"的问题

多年前，有识之士就提出了"素质教育"的理念。时至今日，我们在素质教育的征途中到底迈出了多远，只有我们自己知道。何炳棣在《追忆南开中学》一文中写道："南开创校的主要目的既在培养学生服务国家社会的能力，所以自始至终提倡学生组织团体、发展各种课外活动。""学校的传统注重学生全面的活动与发展，不死'K'数学和理化。"杭州一中阮毅成等学生自发组团，办刊物，南开三点半后必修的体育活动课，丰富多彩的社团活动和一人一项运动，就是对素质教育的最好印证。试问，现今，有哪个学校规定了不参加体育活动留在教室里做功课而要受处分呢？倒是到了学习紧张之时，学校规定取消体育课的却为数不少。一旦现实与理想矛盾冲突，做出牺牲的很可能就是理想了。当然，这不能全怪学校、老师。在社会把认可度停留在升学率、优秀率之上，在家长把目光聚焦于重点中学、名牌大学之时，大多数学校只能围着升学的指挥棒转，因为学校伤不起，老师们伤不起，学生们更伤不起。可是，我们的学校、老师能不能为此做点什么呢？大家都不做"第一个吃螃蟹的人"，那就永远不知螃蟹的美味，毕竟改革就要有人"流血牺牲"嘛。

二、教师应当成为"怎样的教师"的问题

评价教师的一般标准，我不想多论，因为很多专家都有阐述，我只想说说教师应有的工作和生活状态。我理想中的教师应当是儒雅的、从容的，渊博的。教师的生活中要有足够的闲暇时间给自己"充电"，如果整天忙忙碌碌，为日常事务所困扰，焦头烂额，日子久了，就会思想僵化，理念滞后，工作机械，这将是一个教育工作者最大的悲哀，也是教育的最大悲哀。因此，在正常的工作之余，教师应有较充裕的时间阅读、交流，整理自己的思绪，总结工作中的得失，学习先进的教育思想和理念……这些都是我们教育教学的源头活水，有了源头活水，才能给学生以澄澈，给学生以奔涌不息的活力，从而灌溉学生的心田，感染学生，带动学生。我想，阮毅成、胡适、周汝昌、郑家骏之所以对老师推崇备至、念念不忘，不仅是因为这些老师正直，还有老师民主先进的思想、渊博的学识和有感染力的人格魅力。人的精力毕竟是有限的，我真的希望我们的老师能真正从一些没有实效的俗务中解脱出来，专心教育教学，儒雅、从容、风度翩翩，闲暇时，看看书，写写文章，让实践中的点点滴滴流淌成文字的溪流。

三、教育的评价问题

应该说，教育的评价在教育教学实践中起到了举足轻重的导向作用，只要解决了这个问题，很多问题就迎刃而解，也只有解决了这个问题，第一线的教育工作者才不会束手束脚，才不会旧瓶装新酒。"那时听家长们议论学校好坏，首先讲师资、校风如何，很少听到升学率之说。"（资中筠《何谓素质教育——忆母校天津耀华中学》语）常州府中学堂的钱穆在一次考试中因对四题中之第三题兴趣极浓，下笔不能休，考试结束仅答此一题，不意先生诚之师给分75，批语数页；南开中学物理老师魏荣爵给交白卷的学生谢邦敏评分60，只因欣赏其白卷上的一首好词。过去的耀华、南开、扬子、杭州一中、北师大附中坚持的办学方向，给了我们很好的借鉴。可是，长期以来的升学率、优秀率等传统评价观根深蒂固。这就需要我们所有的教育工作者上下齐心，形成合力，从根本上扭转这种传统的评价机制，才能使教育教学驶上素质教育的快车道。它一方面要求教育行政管理部门在人才的评价标准上有新的、明确的规定，特别是在考试和人才的选拔上有真正体现综合素质的举措，另一方面要求学校和一线教师切实践行为学生的终身发展奠基的理念，而非追求纯粹的升学率。前者要先行，后者要跟上；前者落到实处，后者才不会畏首畏尾，抛开前者谈后者，是不现实的。

作为一名普普通通的教育工作者，我憧憬"浴乎沂、风乎舞雩，咏而归"的教育理想，虽然这条路是曲折的、漫长的，但《过去的中学》中如许的教育者像孔子般驾着车，烟尘滚滚的背影不时浮现在我的眼前，使我备感鼓舞、不惮向前。

（翟芳华）

【名师点评】

本文再现了《过去的中学》中的教育者践行教育理想的美好图景，围绕"教育的本质"、"教师的生存状态"、"教育的评价体系"三个问题，阐述了作者的教育理想，思考如何从教育的先贤身上汲取智慧和力量，更好地行走在现代教育之路上，思想深刻，言辞恳切，文笔优美。

（王朝霞）

仰大师之行，树教育丰碑

世界上有两样东西最震撼人心，一个是我们头顶上灿烂的星空，一个是寄托了一生追求的理想。读完《过去的中学》，我内心激荡着理想和责任的风帆，因为有理想，我们对未来充满了希望；因为有责任，我们负重前行，义无反顾。

《过去的中学》通过钱学森、马大猷、李德伦、曹禺、茅盾等数位知名校友的回忆，在学校有过任教经历的朱自清等知名学者及经亨颐、林砺儒和张伯苓等三位办过中学的校长写的文章，从不同视角，再现浙江上虞白马湖畔的春晖中学、北京师大附中和南开中学在上世纪学校办学、教师教学和学生读书的场景，给我以心灵的震撼。

一、感念大师胸怀教育救国的理想，许身教育志不移

《过去的中学》给我的最深印象是：那时候社会上有识之士执著的教育理想。许多大师级人物，胸怀教育救国的理想，钟情教育，投身于教育，或筹资办学，或担任校长，或献身讲坛。天津耀华中学校长赵君达是美国哈佛大学法学博士，回国后先为北洋大学教授，因为钟情于基础教育，辞去大学教职应聘为中学校长，他要按自己的意图办一所学校。春晖中学创办人经亨颐，从日本留学归国后，先是任浙江两级师范校长、浙江第一师范校长，1920年受上虞富商陈春澜资助，回家乡创办春晖中学。在这所白马湖畔的私立农村中学，夏丏尊、朱自清、丰子恺、朱光潜、匡互生、王任叔等一批大师治学于斯，任教于斯。他们坚守讲台，施展自己的教育抱负，实施自己的教育理念，他们用他们突出的才华、特殊的魅力感染着他们的学生，以至于半个世纪后，学生对老师们还是念念不忘，一提起他们依然充满崇敬之情。

朱自清先生的《教育的信仰》中说："教育者须先有健全的人格，而且对于教育，须有坚贞的信仰，如宗教信徒一般。"在一个具体的教育环境中，校长的作为，教师的"师"、"范"作用，可以在一定程度上改善教育的品质。只有心中有终身从教的理想，才能克服艰难困苦，矢志不渝，教化育人。

二、感念大师心怀正确的学生观，爱的教育结硕果

我很推崇教育家夏丏尊先生"妈妈的教育"。因为他中学时代，经过许多周折、磨难，空费很多时间，所以，在春晖中学任教时非常关心学生成长，平时除观察学生的素质性格外，还做家庭情况的调查，以便有的放矢地进行教育。除了是国文教师，他对学校里的事什么都管，绝不计较个人得失，只是怀着一颗火热的心，在为学校的教育事业操劳。为让学生获得真才实学，他自己精编教材，要求学生做文章"言之有物，不准讲空话，要老实写"，使学生割除了穿靴戴帽、层层因袭的积习；把阅读和写作结合起来，通常当面批改学生习作，循循善诱、不厌其烦。他以自己的一生，实践了"爱的教育"的理想。

南开中学喜爱文学的谢君同学，数理化成绩欠佳，在考物理时竟然一题也回答不出来，然后在试卷上填词一首，调寄《鹧鸪天》，词曰："晓号悠扬枕上闻，余魂迷入考场门。平时放荡几折齿，几度迷茫欲断魂。题未算，意已昏，下周再把电磁温。今朝纵是交白卷，柳耆原非理组人。"物理老师魏荣爵先生评卷时，也在试卷上赋诗一首，诗曰："卷虽白卷，词却好词。人各自志，给分六十。"有此老师，实乃学生之幸。当下之教育，学生乃发展中的人，是学习之主体，只有建立民主平等的师生关系，尊重学生，关爱学生，才能促进学生个性发展，健康成长。"强避桃源作太古，欲栽大木拄长天"，师者以教书育人为天职，以爱心温暖学生，以智慧启迪智慧，以生命润泽生命，才能培养经国济世之才。

三、感念大师身怀教学超凡技艺，春风化雨育栋梁

读完《过去的中学》后，我只觉得那是一个大师辈出、名校众多的时代，在那样一个时代，有着这样的一群老师，何其幸哉！他们本领过硬、知识渊博，为人真诚、表里如一，一腔热情、大公无私，胸怀开阔、目光深远，人格独立、艺高德馨……

令人肃然起敬的是大师高超的教学艺术。张思之"绵绵师魂谁继"，对六十二年前傅肖岩老师一堂《声声慢》语文课铁烙于心，"生动传神，诗意浓浓，阐发精微，听后豁然开朗，为之迷醉。"深深感慨："先生指导初学者用什么样的态度和方法精研佳作使我终身受益，真的是何其难得！"

蓝英年回忆起1947年在红色边区的联中学习：最不可思议是在残酷的战争年代，竟给我们讲李后主的词"帘外雨潺潺，春意阑珊。罗衾不耐五更寒。梦里不知身是客，一晌贪欢"；历史老师讲到洪秀全的时候，口气颇为不敬，与传统的评价不完全相同。这等老师是何等的志士仁人。

讲课激情澎湃、让人神往课堂的孟志荪，专业修养精深的傅种孙，还有夏丏尊、朱自清、丰子恺、朱光潜、匡互生、王任叔等，个个身怀绝技，名冠华夏，令世人高山仰止。

"打铁还需本身硬。"活在当下的教师，要在学生中有强大的人格魅力，只有在两个方面加强修养。一是厚积薄发，学识渊博，以学识魅力展示风采，折服学生；二是要有高尚的师德，关爱为先，理想至上，表里如一，淡泊名利。

观往鉴今，为我所用。我辈仰大师之行，立德树人，修业律己，一如既往，孜孜以求，方能树教育丰碑。

（郭胜清）

【名师点评】

师者以教书育人为天职，以爱心温暖学生，以智慧启迪智慧，以生命润泽生命，才能培养经国济世之才。本文作者感慨过去的教育者坚定不移的教育理想、心怀学生的教育观念、技艺超凡的专业水准，并以此为激励，提出了当代教师应具备的两大魅力，即人格魅力和学识魅力。文章语言洗练，意蕴丰富。

（王朝霞）

仰望星空，渴望自由

近日读《过去的中学》一书，在历史的河床上拾贝，追寻先辈们的足迹，我的脑海里不停地浮现两个字："自由"。

一、教师施教的自由

"过去的中学"，教师可以不必受升学的束缚，不拘一格地实行自己的教

育理念，采用自己的方法。何兆武在《杂忆北京师大附中》一书中写道：自编教材更适应需要。他们的英文教科书是自编的《中学英文选》。数学老师傅仲孙先生则重在对学生理论思维的培养。这些教学既切合了学生的实际，又能让学生有学习的兴趣，学习能力得到切实提高。"教育"二字没有异化升学的工具，没有钳制学生的思想，学生因此感到中学时光其乐无穷。著名的历史学家蒋廷黻回忆，他的中学没有强迫记忆的课程，他经历的是一种益智的生活。

有位毕业于浙江省立第一中学的老人回忆，当年校内有位国文教师自己是桐城派古文家，但他允许学生写白话文，并能深表赏识，他给过一位写白话文的学生最高分。常州府中学堂有次史地考试，试卷上总共有四道题，但一位学生因为对其中一题特别"有感觉"，就下笔不休，用掉了所有考试时间专答此题。在批改这份试卷时，那位教师看得兴起，竟然洋洋洒洒加上许多张纸的批语，还给出了七十五分的成绩。中学生名叫钱穆，后来成为著作等身的国学大师；而那位不拘一格的中学教师，名叫吕思勉，是我国杰出的历史学家。

这些教师不需要面对校长的指责、舆论的压力，在教育的星空下自由驰骋。回忆我自己的从教经历，也曾雄心勃勃，"离经叛道"，认为教学最重要的是激活学生的思维、激发学生的学习兴趣、培养学生的学习能力，我要给学生终身受益的教育，而不是为了应试。在语文课上一定要让学生感悟到文字的美丽、情感的隽永。我最不愿意咬文嚼字地讲解分析，讨厌翻来覆去的默写过关。可是我的教育观在现实面前撞得头破血流，就因为谁愿意自己的班级成为倒数第一名呢？

早几天，校长开会时说，我们班主任要在班上安排一个卧底，这样自己就能了解班上的所有情况，从而有效地管理班级。当时我很气愤，现代教育难道要我们培养特工吗？我们把学生引向何方？现代社会需要怎样的人才？难道我们要把几千个不同个性的学生教成一模一样老实的孩子吗？

在现实的教育环境下，在来自家长、学校和社会的重重压力之下，我真渴望呼吸一口自由的空气，让教书育人不只是谋生的手段，而是我享受生命的沃土。

二、学生学习的自由

过去的学生能在学校宽松、民主、平淡的氛围中学习，能聆听名师的教诲，的确是一大幸事。过去的中学里，没有突击考试，考题相对容易一些。但学生的求知欲望并不减退，学生可支配的时间很多，课外阅读的风气很浓厚，所以他们能尽情享受自主学习的快乐，获取更多的知识。中学时代，胡适大读《天演论》《群己权界论》等；徐铸成的同学们甚至与北大教授讨论美学问题；杨宪益花大量时间阅读，一度还异想天开造"永动机"；于光远读完了蔡东藩的全套历史小说；许良英最爱上图书馆借书，他还跑到浙江大学去听著名物理学家玻尔的演讲等。另外，过去的中学，实践活动多样化。茅盾充满感情地回忆自己去南京参观"劝业会"的经历，字里行间透露出，那一次校外活动极大地拓展了他的视野，激活了他的心智。校园里的一切都是学生自己整理，卫生由学生负责，校园的园圃，由学生分班种植蔬菜，并且在每一种树木瓜果上标出植物学的学名。重庆南开中学内，结社、演出、办壁报、时事辩论赛、社会名流演讲，不一而足。冰心第一次参加"文学会"的窘迫，一年后的从容。那些办《浙江新潮》的被开除的学生都取得了巨大的成就，这些内容都深深地震撼了我。

看看我们现在的学生，每天教室、寝室、食堂三点一线。上不完的课，考不完的试，偷偷地看看《故事会》还有可能被抓。他们不能叛逆，不能有自己的个性，没有自由安排的时间，在老师的严防死守下强迫自己不停地学习。他们也许如我一样的心中是有着怨气与怨言的吧。这也是我们的老师为什么难以走进学生心灵的主要原因吧，师生之间那块厚厚的障壁使得老师不再是他们心灵的依靠，学校不再是启迪智慧的净土。

胡锦涛同志曾深刻地指出："世界范围内的综合国力竞争，归根到底是人才特别是创新人才的竞争。谁能够培养、吸引、凝聚、用好人才，特别是创新型人才，谁就抓住了在激烈的国际竞争中掌握战略主动、实现发展目标的第一资源。"出好人才的关键在于教育，教育搞好了，国家的可持续发展才有后继力，民族的伟大复兴才能指日可待。中学教育阶段必须把培养学生的创新能力和实践能力作为人的关键能力，牢牢抓住不放。中学教育搞成功了，才会有更多杰出的人才层出不穷。只有这样，中国社会主义建设的人才链才不会断层，民族的复兴就指日可待了。

《过去的中学》一书，让我明白了教育的内涵，回顾过去是为了启迪未

来，但愿中学教育的星空下能多一些自由的空气。也相信在未来的日子里，中学教育会更多一些理性，少一些功利。

（周宁）

【名师点评】

　　本文的论题涉及教育的自由，即教育的开放性问题，从教师和学生两方面阐述了教学内容和学习内容、教学形式和学习途径的丰富性和多样性，感悟较深。其实，关于教育的自由度，新一轮的教育改革就已经涉及，教育者也开始尝试，相信未来的教育园地里，一定会百花齐放、满园春色。

（王朝霞）

从诺贝尔奖中思考我们的教育

　　每年十月，全球各地的人们总要把目光投向北欧的瑞典和挪威，关注从这里诞生的当年诺贝尔大奖。一个国家如果能有学者获得诺贝尔奖，那就标志着他们所在的行业领域在全世界处于领先地位。在诺贝尔奖的百年历史里，曾经有八名华裔科学家获得过此项大奖，他们是杨振宁、李政道、丁肇中、李远哲、朱棣文、崔琦、钱永健和高锟。他们获得诺贝尔奖有什么共性吗？是否能给我们提供一些借鉴？也许在《过去的中学》的那个时代能给我们一些启示。

一、中西融合，造就了他们

　　在获得诺贝尔奖的华人科学家身上，都有一个明显的共同点，就是他们都接受了中西教育。这在1998年诺贝尔物理学奖得主崔琦身上，体现得比较明显。1939年他生于中国河南省，50年代到中国香港接受教育，1957年在培正中学毕业，随后到美国继续深造，1967年在美国芝加哥大学获物理学博士学位，此后到贝尔实验室工作，1982年任美国普林斯顿大学教授并从事科研至今。

　　这种中西融合就能在《过去的中学》中找到答案。书六十三则回忆录，发现了一个很有趣的现象——"举凡一切重要学科，多用西文教授，盖欲诸生之学贯中西，为他日中西文化之灌输调和者。"

曾任复旦大学经济学教授的语言学家周有光在常州中学预读一年，说道："常州中学的好处是预科非常好，因为每个学生不同科目的水平不同，假如你的国文不好，读预科就补国文，数学不好就补数学，英文不好就补英文。常州中学教古书的能力很高，英文水平很高。学生到大学里，就能用英文了，不是像今天到大学还不能用英文，还要补英文，那就苦了。还有一点，中学时读世界历史、世界地理都是用英文，化学、物理、生物学都是英文课本。"

法学家阮毅成所就读的浙江省立第一中学在中学一年级的课程是：每周国文八小时，分左传、古文、习字作文及黑板练习五项。英文七小时，分读本、文法及习字三项。……

杨宪益1927年就读天津新学书院，"中国教师主要教中国语文和中国历史地理。英籍教师都是真诚虔信的基督徒，都获得过大学学位。他们除了教英文外还教物理、化学、数学、世界地理和历史，用的是英文课本，直接用英语讲授。"

植物学家吴征镒1931—1933年在江苏扬州中学读高中，"那时老师阵容非常强，比较偏重数理化。我们那时数理化课本采用的全部是外文原版的。"

"融汇中西，兼收并蓄"是19世纪末、20世纪初清政府对西方打开国门后，最早觉醒的一批中国知识分子心中自觉的历史追求，也是一个延续了百年的历史命题。1926年，高凤山先生作为汇文中学第一任中国校长，上任后，取消了《圣经》课，但"融汇中西"的宗旨得到了更全面的贯彻。当时的汇文主政者深知：汇文是一所办在中国土地上的教会学校，它要培养的是能够为20世纪中国社会服务的人才。

二、创新，是他们的长处

1997年获诺贝尔物理学奖得主朱棣文说，创新一定要敢于想象，用新的方法思考问题。一旦你有了新的想法，你可以到某一方面的专家那里去请教，一起讨论是不是有可能，还有没有更好的方法来做到这一点。朱棣文说，他自己获得诺贝尔奖的工作，也不是现成的、能在课堂里学到的，而是从新的领域中重新开始探索学起的。

身为华人，朱棣文始终关注中国的发展。他说，对中国而言，未来的发展走向是很重要的事。"我认为目前很多方面的发展都在往正确的、好的方向走。对科学来说，创新精神是最重要的。中国的学校过多强调学生的书本知识和过于频繁地进行书面考试，而激励学生创新精神不足。"

吴征镒先生说到自己从初中起就对植物学发生了兴趣，1931年他考入有名的扬州中学读高中，在这所老师阵容非常强，偏重数理化的名校，他数学念得还可以，但他本性不大喜欢数理化，而喜欢的是生物学，三位生物老师的名字都留在了他少年的记忆里，学植物学的志向就在此时确立。

那个时代，不同的学校，无论中小学还是大学，都各有自己的特色与个性，但有一点大致上是相通的，几乎都是教育家在办校，学校除了是一个传承知识的场所，也教会学生求知的方法和途径，更重要的是培养他们独立思考的习惯，为他们打开认识自然、了解世界、观察社会的窗口，给他们一个个眺望世界的平台，启迪他们自由的心智，点亮各自心中的那盏灯，鼓励和激发他们的创造欲，肯定每个人不同的梦想，尊重而不是抹杀他们的个性。在过去的教育谱系里，不光是名校，就是许许多多普通学校也在相当程度上做到了这些。所以，学校给予莘莘学子的决不只是书本上死的知识，不光是教书，同时也是育人。学生不是为考试而存在的，衡量求知结果的也不只是分数，分数不是决定因素，更不是唯一因素。

诺贝尔奖记录了科学的发展，获奖的科学家们，或是解决了人类共同面对的问题，或是拓宽了人们认识世界的视野。直到2012年莫言才荣获诺贝尔文学奖，然而中国这个人口众多的大国却一直无缘诺贝尔自然科学奖，令亿万国人抱憾。中国需要一个诺贝尔奖来证明自己的科技实力。如何缩小我们与诺贝尔奖之间的差距？一个民族的创造力，与它的教育关系同样深切，教育不上轨道，对一个民族是最大、最深的危机。

（彭文丰）

【名师点评】

诺贝尔奖是授予世界各国那些为人类作出重大贡献的杰出人物的一项奖励，是世人瞩目的最高荣誉，已有八位华人科学家和莫言获得这项殊荣，备受关注。由此，也引发了你和更多教育工作者的思考：中西融合、创新是铸就他们成功的基石。那么，我们今天的教育之路是否做到了中西融合，是否注重学生的创新思维，中西文化和古今文化该如何融合，如何培养和发掘学生的创新思维能力，这是每个老师急待解决的教育困惑。《过去的中学》给予我们光明的指南：我们的教育前辈在那样艰苦的条件下积极探索教育救国、教育振兴中华，用他们的微薄力量培养了一批批伟人英才。那今天的我们更应该踏寻着他们的足迹，为教育奉献自己的青春和激情。在读书中思考，在思考中实践，在实践中前行，期待不久的将来，我们培养出来的学生也能登上诺贝尔的领奖台，为今天的教育画下浓墨重彩的那一笔！

（周芳）

"教育之春" 春深几许

曾有记者问傅国涌："你心目中理想的中学应该是什么样的？"傅先生答道："我理想的中学已经不需要虚构，不需要想象，它们曾经存在过了，在不太遥远的历史中，在20世纪前半叶。南开中学、北京师大附中、扬州中学、春晖中学、天津耀华中学……还有许多并不知名的中学都是我心目中理想的中学。"

这些"理想的中学"里有这样一些老师：张伯苓、林砺儒、夏丏尊、朱自清、丰子恺、朱光潜……有这样一些学生：胡适、钱穆、钱学森、吴征镒、曹禺……这些校长、这些老师，理念先进开放，教风严谨活泼，使命感和责任感神圣庄严，他们善于借鉴和吸收西方先进的教育思想和方法，并参照中国传统教育的有益经验，以寻求一条拯救教育、继而拯救中国的有效途径；这些学生传统文化积淀丰厚，求知欲望明确强烈，求学形式各具特色，他们用自己特有的方式给我们演绎了中国教育史上一幅宏大而又难以复制的"中学教育之春"。

我认为，这种"教育之春"拥有如下迷人的魅力和鲜明的特色：这里众多的办学者都拥有顺应时代需求的办学理念并得以顺利践行；这里拥有天才般的教师队伍并能人尽其才；这里拥有传统文化积淀丰厚的求知者并得以因材施教；这里拥有切合学生实际的课程资源并能百花齐放；这里拥有浓厚淳美的校园文化并能惠人一生。

一、拥有顺应时代需求的办学理念并得以顺利践行

办学者能够根据时代特点和国家的需要，能够根据学生生命成长的特点，能够结合传统文化和西方先进的教育思想的优点，拟定出契合实际需要的办学理念并能顺利践行，这是当时的教育得以焕发出生命力的前提。

张伯苓的人才教育信条兼顾德、智、体三个方面。他认为："教育范围绝不可限于书本教育、智育教育，而应特别着手于人格教育、道德教育。"经亨颐以西方教育的视角观察中国教育，认为中国传统教育是一种"铸型教育"，即教育目标只顾眼前、教育原则固步不前、教育手段千篇一律、教育方法一成不变、教育对象不分差别。针对这些弊端，他倡导学校教育与社会教育相结合，即"以社会教育个人，以个人教育社会"。他提出了"与时俱进"的校训。林砺儒先生推行的是全人格教育理念。高凤山提出"全人教育"。朱自清在《春晖》半月刊上发表了《教育的信仰》一文。他认为教育者应当把教育看成是目的，而不应该把它当作手段。他认为，如果学校太"重视学业，忽略了做人"，学校就成了"学店"，教育就成了"跛的教育"。他说："教育者须先有健全的人格，而且对于教育，须有坚贞的信仰，如宗教信徒一般。"这些教育者的理念紧扣时代要求，并且都或多或少地结合了中西方教育的优秀传统理念，这在当时看来都是有明显的前瞻性的。这些教育者在实践中就是这样身体力行地来践行他们的办学理念，他们的办学实效也是深得学生肯定和欢迎的。

教育的理念太过于功利，教育就不会走得太远，教育者要知道教育的真正归宿是教人"成人"，是以人为本。离开时代的需求，离开人性的实际，任何教育理念都是没有多少生命力的。

二、拥有天才般的教师队伍并能人尽其才

教育的成功，离不开优秀的教师，好的教师就是一所好的学校。过去的这些中学都是名师荟萃，他们都学贯中西。春晖中学有夏丏尊、朱自清、丰子恺、朱光潜……汇文中学的许多教师同时都在大学兼课，如国文教师李戏渔，同时在北京大学中文系兼课；武术教师徐良骥先生是著名的连环门武术家，同时兼任燕京大学武术教师；美术教师陈启民，是曾为西太后画过肖像的美国画家卡尔的弟子。扬州中学校长周厚枢，也留学美国，在麻省理工学院取得硕士

学位。

这些教师功底深厚、学识渊博、教法自由、个性鲜明。夏丏尊要求学生做文章要"言之有物，不准讲空话，要老实写"，使学生割除了穿靴戴帽的积习，他把阅读和写作结合起来，通常当面批改学生习作，循循善诱，不厌其烦。史学大家钱穆就读常州府中学堂时，国文老师童斐平日里庄严持重，步履不苟，同学以道学先生称之。然每逢上课，童先生便判若两人，"善诙谐，多滑稽，又兼动作，如演文明戏"。讲《史记·刺客列传》中荆轲刺秦王，他会夹着一卷地图上讲台，边讲图穷而匕首见，边翻开地图。图穷，果然有一把小刀。他拿起刀，掷向教室后面的墙壁，竟入壁而不落。然后开始绕讲台疾走，效追秦王状。

这些教师的教学评价，其方式更是怪异，注重唯才是举。钱穆回忆："一次考试，出四题，每题当各得二十五分为满分。余一时尤爱其第三题有关吉林省长白山地势军情者。乃首答此题，下笔不能休。不意考试时间已过，不得不交卷。如是乃仅答一题。余此卷只答一题，亦竟得七十五分。"老师要杨宪益写郊游，杨宪益"懒得写"，就交了一首诗，结果老师觉得比自己都写得好，给杨宪益打了一百分。杨宪益写《论驳〈文学改良刍议〉》，大骂了胡适一顿，老师很欣赏这篇文章，给了他一百分。南开学生谢邦敏富有文学才华，但数、理、化成绩不佳。1941年毕业考试时，他物理交了白卷，但心有不甘，即兴在卷上填词一首，调寄《鹧鸪天》。物理老师魏荣爵水平之高、态度之严谨，校内有口皆碑。他评谢的卷子，也在上面赋诗一首："卷虽白卷，词却好词。人各有志，给分六十。"

有这样一群大师级的办学者，有这样一群学贯中西的教师，有这样一些风格各异的个性化的评价方式，这样的学校怎么会没有吸引力？这样的学校怎么不会让求学者千里迢迢慕名而来？

三、拥有传统文化积淀丰厚的求知者并得以因材施教

这些学校的求学者如胡适、钱穆、钱学森、吴征镒等人，大多数都受到了良好的传统文化的启蒙，都有着较为明确的求学目的，学生的求学活动都主动积极。夏丏尊在《我的中学》里回忆自己时说："我自幼也从塾师读经书⋯⋯

而我却非读《左传》、《诗经》、《礼记》等等不可。"俞平伯在春晖旁听了朱自清的一堂国文课，认为"学生颇有自动的意味，胜第一师范（浙江一师）及上海大学也"。矛盾回忆自己："刚到校，就看见校长的布告：愿去南京参观南洋劝业会者即报名，交费十元，五天后出发。我当时高兴极了，马上报了名。"其实，当年许多中学培养出来的学生，水平之高、见识之广、思力之深，在今天看来近乎"匪夷所思"。

四、拥有切合学生实际的课程资源并能百花齐放

这些学校的课程形式多样，深得学生喜欢。汇文中学很重视体育课程的开设。当时汇文学校运动项目就有48种。每天下午4点到6点，所有的图书馆、自修室全部锁门，不让学生呆在屋子里。书法、武术、社团活动亦开展得有声有色。

学校的教材丰富多样、特色鲜明，许多的教材都是教师自己开发编撰的。汇文国文教师不大用现成的国文课本，而多由自己来选，还有的老师用当时出版的"活页文选"；夏丏尊在春晖教国文，正值社会弥漫复古思潮的时期，为让学生得真才实学，他自己精编教材，所选课文除部分优秀古典作品外，其余大多采自《新青年》、《新潮》、《创造季刊》。钱学森的老师傅仲孙，他亲自编几何讲义，用的还是古汉语。

这些课程和教材的开发，都是教师根据自己的特点和教学的需要，并结合学生的实际进行编撰的，虽然没有通用教材的整齐划一，但是，这些课程和教材却更能发挥教师之特长，更切合学生之实际，因而更富有生命力。

五、拥有浓厚淳美的校园文化并能惠人一生

浓厚淳美的校园文化包括物质文化、活动文化、精神文化等。那些中学在办学者的经营下，硬件文化堪称奇迹。当时汇文校园占地200多亩，紧邻明城墙，校园主要建筑于19世纪初期落成，其格局庄严、肃穆、大气、典雅。最初的兼善学校实在艰苦………卢作孚约集社会热心教育人士，募建校舍……兼善中学的主楼，堪称精准完美的建筑。

学校的软件文化更是让学生终身受益。当时的学生曾这样描写："在汇文校内，是个最自由不过的国度了，里面住的人可以尽量地无论在行为上，或是

思想言论上各走各的路，谁也不去干涉谁。"经亨颐在浙江一师任校长期间，要求教师必须有"高尚之品性"，反对那些"因循敷衍，全无理想，以教育为生计之方便，以学校为栖身之传舍"的庸碌之辈。天津耀华学校校长赵君达每天早晨都在大门口迎接师生，8点钟上课铃响过后就关校门，迟到者只好在大门外站到第一堂课后再放行。据说有一次校长自己迟到，他也坚持不让门房开门，在门外等了一个钟头。当年南开校门侧，悬一大镜，镜旁镌刻箴词曰："面必净，发必理，衣必整，纽必结，头容正，肩容平，胸容宽，背容直；气象：勿傲，勿暴，勿怠；颜色：宜和，宜静，宜庄。"学生出入，知所儆戒。著名指挥家李德伦把"附中味儿"总结为北师大附中多年来积累形成的校风，"这个校风就是浓厚的学术空气、文化气息、好学精神、文雅而富于幽默的谈吐和爱好体育、健康活泼的作风，不死读书，而是生气勃勃，具有广阔的视野"。

这里师生关系更是平等亲密。朱自清任教于春晖中学时，学生王福茂写了一篇《可笑的朱先生》。其中写道："他是一个肥而系且矮的先生……"朱自清不以为忤，反而在这篇作文下面画了许多双圈，并在课堂上读给大家听，赞其是一个榜样，描写人让人读后如见其人。训育主任匡互生"……穿一件竹布长衫，略蓄短须，看到学生眯着眼微笑……"，可一旦他察觉到学生有什么不当的言行，就会一遍又一遍地念叨，有人把他的教育方式称为"妈妈的教育"。吴征镒的老师唐耀知道吴征镒已积累并鉴定了200多个植物标本，为了鼓励学生对生物学产生兴趣，他专门筹划为吴征镒在班上举办了一次展览会，把他的200多号标本全部展出。

作家冯骥才曾经说过："抽出文化这根神经，一个民族将成为植物人。"同样的，好的校园文化应该是使人保持独立的、彰显个性的，不是奴化的教育、功利的教育。好的校园文化应该是催师生共同奋进的，而不是人人抱怨的。好的校园文化应该是开放创新的，而不是抱残守缺的。正如傅国涌评论说："我们从当年重庆南开中学的学生回忆中，可以真切地感受到，他们在那里受到的教育，在许多方面，足以给他们一生提供精神的支撑，成为他们未来生命中一个不能缺少的支点。"

回想起来，《过去的中学》实际上是给我们重现了过去一大批知识分子毕其一生所办出来的教育盛况：这里的教育理念先进，视野开阔；这种教育办学

方式多样，自由民主；这里从事教育的教师声名显赫，学贯中西；这里的求学者文化积淀深厚，求学勤勉；这里的课程丰富多样，特色鲜明；这里的文化浓郁醇香，润人一生。

这种教育才是有春之气息、春之生机的教育。只有这样的教育才是春景怡人、春情常在的教育。

了解这样的教育生态，学习这样的教育精髓，或许才是我们今天的教育者应该去做的。

（罗召庆）

【名师点评】

《过去的中学》堪称是当代教育的杰作。历史有长短，名声有大小，任何一所中学，都有值得骄傲的过去和展望的未来。我们读到了那个年代中学教育的珍贵记录，感受到教育所具有的真实的生命力，进而反思我们今天的教育，引发我们的思考。你从五个方面分析了那个不可复制的"教育之春"的迷人的魅力和鲜明的特色，也给我们今后的教育工作指明了方向，虽然不可复制，但是我们尽己所能，也能给教育的沙漠带来绿色。只要我们广大的教育工作者求真务实，与时俱进，就能聚无数绿意成就今天的"教育之春"！

（周芳）

因为喜悦而泪流满面

清晰记得，刚从快递员手中接过这本牛皮纸封面、装帧朴素的书时，我竟有些踟蹰。我分明在购书前就大致了解了这本书的内容，但是当"过去的中学"五个字清晰地映入我的眼帘时，我内心的寥落却远远多过于憧憬。《过去的中学》收录了国内一些最杰出的人物对他们中学阶段的回忆。这些名人大家温情脉脉地回忆着他们春光灿烂的中学时代，再现了20世纪上半叶，过去的中学拥有过的辉煌，过去的教育所达到的境界。是的，这是一本让人因为喜悦而泪流满面的书。喜悦的是那段旧日子带给书中人的幸福，带给书外人的神往，悲慨的是那已是消逝的时光，失掉的传统、过去的中学。正如编者傅国涌先生在前言里说的："对这些过去的中学的追忆，都足以引起一个个美丽得令人心伤的记忆。"

读《过去的中学》给我的第一感触就是，那个旧时代对教育的正确认识。这既来自于社会，也来自于校长、教师、家长，甚至还有教育对象，即学生本身。我想称这种"对教育的认识"为教育观。所谓教育观，就是一个人对教育的系统的看法和观点。说起来很抽象，看不见，摸不着，却真实地存在着，并无时无刻不在影响甚至支配着教育者的教育行为，制约着教育的效果。

教育观的内涵是十分丰富的，就拿教育的本质观来看，《过去的中学》中所列举的学校，所推崇的教师，无不目中有人，以各自的方式还教育以本来面目，那便是，教育是培养人的活动。正是基于对教育本质的正确认识，过去的中学并非像当今的中学一样，打着"素质教育"、"以人为本"的旗号，却步履铿锵地践行着以考试分数和升学率作为唯一旨归的、"目中无人"的功利性教育。书中所提到的扬州中学、南开中学、北师大附中、春晖中学，无不采取一种"全人格"的教育，他们把学生当人看，真正做到了以人为本，实施着真正意义上的"人的教育"。

其一，珍视学生的求知欲望。正如国学大家钱穆所述："全班唯余等两人各中一题，各得七十五分。余皆全不中，各得六十分。先生笑曰：聊以试诸生聪明耳。答不中，尽无妨。"过去的教育者没有用一把大红叉，打消学生学习数学的兴趣和信心。在过去的教师看来，一道数学题的正确与否，学生的分数高低不甚重要，而保留学科的特点和学习的趣味才是最重要的。我们都知道，兴趣是最好的老师。一切抹杀学生兴趣的教育都是失败的教育。2012年湘潭市多所中学爆发学生集体撕书烧书事件，让教育者不得不反思，是怎样的教育把学生逼到这步田地。试想，但凡学生在学习中有一丝乐趣、一丝尊严，也不会做出这样近乎于疯狂的极端举动。苏联伟大的教育家马卡连柯曾说："培养人，就是培养人对未来的希望。"而我们的教育用层出不穷的"偏、难、怪"的题目，用一把把鲜红的"×"号，一个个忽视学生尊严的分数和排名，几乎把学生逼上了绝路。教育最悲哀的不是学生不会学或者学不会，而是学生厌恶学习，憎恨学习。

其二，重视学生的思考能力。求知和思考是人类的天性之一。帕斯卡尔说："人是一根能思想的苇草。"没错，思想形成人的伟大。而过去的教育者正是认识到了这一点，才有了冰心在《我入了贝满中斋》的记述："我们的作文时间，是安排在每星期六上午。在一间大课室里，从一年级到四年级四班学生都坐在一起，老师在黑板上写出四个班的作文题目，就坐在讲台上自己看书，我们乱哄哄地低声议论，他也不管。正因为我们不知从何说起，我们就可以乱做，我们可以抄书，也可以互相抄袭。这些事老师似乎也不是不知道，但只要每个学生每星期交一篇作文，任务就完成了。"当今语文教师很难想象用一上午时间让学生写一篇作文是怎样的奢侈。作为一线教学的语文老师，我们都知道，作文虽占试卷六十分，但学生得分差距往往不大，大量的时间留给作文，性价比可想而知。在现在的语文教学中，学生的作文往往在每一次月考中训练。学生害怕跑题丢分，何谈天马行空的思考；考试时间紧迫，何谈深刻多元的挖掘。教师的讲授恨不得告诉学生如何选角度、如何选材料，甚至是如何开头、如何结尾。这样的作文虽不跑题，但怎能不千篇一律，令人生厌？而冰心所述的这位语文老师，在现代的视角看来俨然是不负责任、不甚敬业的，但是可贵的是，他尊重学生思考的能力，给了学生思考的时间和思考的权利，甚至说他宽容地给了学生跑题的权利。

其三，提高学生的全面素质。爱因斯坦曾说："用专业知识教育人是远远不够的。通过专业教育，他可以成为一种有用的机器，但是不能成为一个和谐发展的人。"过去的中学为了最大限度地实施"全人格"教育，重视体育、美术，提倡科学。社团组织丰富多样，活动开展异彩纷呈。在《过去的中学》中，著名语言学家周有光回忆道："常州中学的特点是上午上三课，每课五十分钟，下午是游艺课。什么是游艺课？自己选课，假如你喜欢古典文学，可以选古文；喜欢书法，可以选书法；喜欢打拳，有两位老师教打拳，一位教北拳，一位教南拳；喜欢音乐，可以选音乐，音乐有国乐、外国音乐两门……游艺课不用考试的，考是没有必要的。这个课程你有兴趣，会学得好的，用不着考。考得很好，不一定学得很好。"冰心也饱含深情地提到了在贝满时，每周三下午的"文学会"，以及她本人在演讲辩论会上所受到的受益终身的锻炼。曹禺更是明确表示他的戏剧生涯开始于南开中学的丰富多彩的社团活动。还有杭州一中的图画课、手工课、音乐课，南开中学的"三点半"精神，这对我们当代的中学而言，是多么的不可思议！据统计，目前中国百分之八十的高三，是取消音体美等非高考科目的课程的，也就是说，学生日复一日地滚动上六门课程，更有甚者，百分之四十的学校是取消每天上午的课间操的。呜呼哀哉！我们不禁感叹，唯有旧日子能够带给孩子们幸福。

其四，保护学生的个性特点。过去的中学设有多个学科，鼓励学生涉猎各方面的知识，开阔大视野，但也承认人非标准化的机器，各有所长，也各有所短。王铨在回忆同级同学谢邦敏时提到一趣事：谢邦敏素喜文学，数理化欠佳，毕业考试展开物理试卷，竟然一题也答不出来，只得交白卷，心犹不甘，填词一首，调寄《鹧鸪天》，词曰："晓号悠扬枕上闻，余魂迷入考场门。平时放荡几折齿，几度迷茫欲断魂。题未算，意已昏，下周再把电、磁温。今朝纵是交白卷，柳耆原非理组人。"物理教师魏荣爵先生评卷时，也在试卷上赋诗一首："卷虽白卷，词却好词。人各有志，给分六十。"魏老师肯定了谢邦敏出色的文学造诣，尊重了他的个性和喜好。让本不能毕业的谢邦敏顺利考入西南联大，后来谢邦敏成为新中国第一任刑庭庭长，成绩斐然。而今全国各省"高中学业水平考试"可谓开展得如火如荼，要求全日制高中生必须九门功课及格，方可高中毕业并且获得高考资格。我们的教育鼓励学生全面发展，但在某些方面忽略了学生是有差异有个性的人。

其五，归还学生的实践权益。古语有云："读万卷书，行万里路。"《礼记·中庸》也谈到："博学之，审问之，慎思之，明辨之，笃行之。"古老的智慧启示我们，要知行合一，要将理论知识运用到实践中去。在《过去的中学》中，伟大的作家茅盾先生曾有这样一段回忆："湖州中学的第二年，已是三年级的学生了。刚到校，就看见校长的布告：愿去南京参观'南洋劝业会'者即报名，交费十元，五天后出发。我当时高兴极了，马上报了名……校方包租了一艘大型小火轮，从湖州到南京，行程二日二夜，我们一行共二百多人，包括教师四人，工友二人。在船上住得很舒服。船到无锡，我们上岸换乘火车。拂晓到达南京下关车站……当我们到浙江馆看见展出的绸缎、绍兴酒、金华火腿等特产，倒也等闲视之，可是听说绍兴酒得银奖牌，却大为惊喜。我们对四川、广东等各省展出的土特产，都很赞叹，这才知道我国地大物博，发展工业

前途无限……地理教员对各省的名胜古迹的模型，最感兴趣，他不顾馆中闹哄哄的人群，常常旁若无人似的对同学们谈这些名胜古迹的历史。"这次活动为跨省出游，师生两百多人，时间共计八天八夜，游历的种种细节，七十年后的茅盾先生仍然历历在目，不能忘怀。对于学生来说，这样的亲身感受，是任凭多么生动形象的幻灯片和多么文采飞扬的老师也无法给予的。而这不就是最为生动、最为有效、最为成功的教育吗？这让我不禁联想到作为北方人的自己，曾经在北方读书期间，每每读到"春水碧于天，画船听雨眠"的词句时，便在心头勾勒草长莺飞、杂花生树、杨柳醉烟的江南图景。然而，当我真正怀揣着教育理想离开家乡，来到南国生活工作时，便不禁感叹心头那幅"人间四月天"的黯然失色。唯有来到江南，你才能切身感受到：一月的冬雨一直下成了三月的春雨，淅淅沥沥中，腊梅花落了，杜鹃花开了；木兰高调地装点着天穹，山茶静默地化作了春泥；银杏抽出了鹅黄色的嫩芽，香樟的芬芳渐渐弥漫了整个长沙城。而这种感受是书本文字、口头描述、影视画面、头脑联想无法给予的。作为一个定居南国的北方人，我的这种生活经历暂时弥补了我在教育中的些许遗憾。然而当我讲到《沁园春·长沙》中"看万山红遍，层林尽染；漫江碧透，百舸争流"的时候，我分明看到了学生眼神中的空洞和冷漠。我不禁神伤，生在岳麓山下、湘江河畔，我们的教育为何不能走出教室，登上岳麓山巅，大声呼喊："问苍茫大地，谁主沉浮？"身在屈贾之乡，我们为什么不能驱车到汨罗江畔仰天长叹："路漫漫其修远兮，吾将上下而求索。"为什么我们不能在贾谊故居的石碑旁深沉咏诵："仁义不施而攻守之势异也。"我们不免悲恸，如今的教育被封闭与限制在或大或小的校园内，包含着实践层面的公民完整的受教育权，被降格为一种意识形态下的被灌输权。和高考科目相比，研究性学习和社会实践等课程形同虚设，不过是填填表格，盖盖公章，拿拿学分罢了。

《过去的中学》带领我们回到扰攘不安的21世纪上半叶，让我们欣喜地窥探到，那个旧时代对教育的正确认识和完美表达。正是因为那个时代的教育观念里有了人的存在，所有的教育行为都显得那么的崇高、那么的诗意、那么的浪漫、那么的充满温情。我们喜悦，那个时代的校风严谨厚重、开放兼容；那个时代的校长信仰坚定、勇于承担；那个时代的教师渊博敬业，富有魅力；那个时代的家长大气平和，正直耿介；那个时代的学生人性饱满，元气淋漓。然而，面对现今中学教育的"目中无人"，德育缺失；重视知识传授，忽视精神气质的养成；抹杀中学的独立价值，而沦为大学的预备学校。我们不禁悲从中来，泪流满面，东隅已逝，道统难继。

作为一个刚刚走上工作岗位的青年教师，我深知教育不是万能的，在教育制度和高考体制的围追堵截下，我也许是一棵身不由己的植物，但我始终相信，我的学生就是我的种子，我会不断向过去的中学中的名家大师们学习，尝试做一名真正的人民教师，教会我的学生常识与思考、独立与正义、真诚与良善，以自己的点点改变，慢慢尝试，深深挖掘，向前辈们致敬！

（黄腊梅）

【名师点评】

你是一个年轻、富于激情的教师，善于学习，善于思考，读书使你有所获。东隅已逝，桑榆未晚。过去的中学之所以使我们怀念，正在于那些教育者们曾经确立了一个人的教育的传统，一度学风绵延，弦诵不绝。今天我们来追寻这些学校的办学传统，可为我们今天的教育作借鉴。过去的中学讲究的是本真的教育、人的教育，是关于生命的教育。生命是鲜活的，我们要化为太阳，变作春风，给他们成长的动力和源泉，让生命活出他的价值和意义，这就是教育。尽管我们的力量很微薄，但只要我们勤于思考和敢于探索，相信教育的明天会更加的美好！

（周芳）

我总结苏霍姆林斯基"让爱智慧"的方法，有以下几条：

方法一：阅读，改变"后进生"的思维。

苏霍姆林斯基说："我曾试用过许多手段来减轻这些学生的脑力劳动，结果得出一条结论：最有效的手段就是扩大他们的阅读范围。"

这样问题就来了，要怎样扩大"后进生"的阅读范围呢？阅读一些什么内容呢？

第一种方法，按照苏霍姆林斯基的观点我们建议："这些书刊都是用最鲜明、最有趣、最引人入胜的形式来揭示各种概念、概括和科学定义的含义的。"书刊因为有趣，所以能引发"后进生"的兴趣；因为知识涉及面宽，同时能融入学科知识，所以有用；因为文字鲜活，所以不会被学生排斥。当然，这需要老师花费大量的时间留意这些故事，然后编选出来。

另一种方法就是老师们自己编写习题，这些习题带有故事的倾向，比如在《谈谈对"后进生"的工作》一文中就举了两个教师自己编写的习题，确实生动有趣。当这些习题引发了这些"后进生"研究的兴趣后，他的求知欲就被"唤醒"了，他就会主动地去探究这些习题，并努力去解答。

方法二：教学融入生活。

在《怎样教会头脑迟钝的学生解应用题》一文中，我发现了第二种方法，即将"教学融入生活"。苏霍姆林斯基举了一个实例，让一个头脑迟钝的学生在瓜园里观察联合收割机在收割小麦的情形，并就眼前情形提出几个数学问题，学生通过观察后得出结论，继而延伸开去，让学生懂得了"应用题并不是空想出来的东西。应用题存在于周围世界里，因为存在着运动、生活和人们的劳动"。

这样的教学比起我们在教室里面照本宣科无疑要生动多了！而现实中，我们大部分老师都是在"教教材"，而不知道"用教材教"。"教学融入生活"是"用教材教"的一种好办法！

方法三：让孩子参与劳动。

苏霍姆林斯基坚信，在劳动的过程中，可以找到儿童更多的闪光点。《一个"差生"的"思维的觉醒"》就说明了这一点，巴甫里克从一名"差生"转变成一名思维积极的学生，就在于这个学生善于从劳动中观察、思考，并动手。

这也是苏霍姆林斯基一直强调的一点，在他的巴甫雷什中学一直开设有专门的园艺课、手工操作课，学生有机会参与实践劳动，有机会把自己所想形成方案并实施，比如嫁接一棵幼苗，在实践操作中获取成功。巴甫里克无疑是一个非常成功的案例。

三、"让爱智慧"背后的理论支撑

在这里，我不得不强调的一点是，方法和技巧永远只是技术流的，一个老师的方法和招数再怎么多，他如果没有强大的理论在背后做支撑，那么他的方法和技巧有可能有穷尽之时（即前面提到的"江郎才尽"）。

我看苏霍姆林斯基的文章，除了他改变"后进生"的方法和手段，感受更深刻的是他这些方法和手段之后的那些强大的教育学、心理学的理论支撑。

在《我怎样研究和教育学习最差的学生》一文中，我们除了看到一个发现了问题孜孜以求的研究型老师外，更重要的是发现了苏霍姆林斯基的研究是有重要的理论支撑的。其中对记忆力的研究，苏霍姆林斯基就阅读了大量的有关记忆力的文章及最新的科研报道。

而在《一个"差生"的"思维的觉醒"》，苏霍姆林斯基的一些观点，就有了多元智能理论的影子，尽管那时候还没有多元智能理论。生物老师因为巴甫里克文化成绩不好，就把他定性为"思维迟钝"的孩子，但苏霍姆林斯基通过与他的谈话，发现他"有一种觉察到乍看起来不易察觉的事物和现象之间的相互联系的能力"，显然苏霍姆林斯基不是简单地按照所谓的"智力"来评判学生的，他眼中的智能，应该是多元的。

另外，在许多事例中，我们可以发现苏霍姆林斯基非常强调运用"自我效能感"，即保护学生对成功的体验。对"后进生"，苏霍姆林斯基一直坚持让学生处于成功感之中的做法，比如自编的数学习题给"后进生"做，让学生感受成功；喜欢动手的巴甫里克，让他在园艺课中获取成功。同时，苏霍姆林斯基还善于把这种"自我效能感"放大，即从学生最初获取的成功感慢慢放大到所有学科中去。这样，当然"后进生"能成长为"优等生"了！

读苏霍姆林斯基的《给教师的建议》，感动于苏霍姆林斯基将自己的全身心都投入到了教育事业中，而其中所体现对学生的"爱"，更让人敬佩不已。

这种"爱"，不是简单的师爱，而是站在专业的角度上努力"让爱智慧"。

（潘雪陵）

【名师点评】

　　教育是爱的艺术，爱是教育的基础。没有了爱的教育，就如无本之木、无源之水。可是，教育光靠爱还不够，还需要爱的智慧。作者从苏霍姆林斯基《给教师的建议》中有关后进生的文章中感悟到这一真谛，结合自己的教育经历，有感而发，阐述较深透。

（王朝霞）

追随苏霍姆林斯基的脚步

　　利用暑假的休息时间，我拜读了苏联著名教育学家苏霍姆林斯基闻名于世的著作《给教师的建议》。从书的目录可以看出，一百个小标题概括了一百条建议，涉及了教育教学的诸多方面，无论是对一线的教师还是对教育管理者，都具有实际的指导作用。细细地读完后，我深切感觉到了这位伟大却平凡的教育者细腻丰富的教育情怀、高瞻远瞩的教育理念和求真务实的教育态度。书本也引发了我对自身工作的反思，指明了我教育道路上前进的方向。

　　首先，"请记住，没有也不可能有抽象的学生"。在书中有个很简单的例子，两个7岁的儿童，或许一个可以提20桶水，一个却只能提5桶。要是逼着第二个孩子去提满20桶水，即便勉强完成任务，后果只是以损害孩子身心健康为代价。这种简单的道理我们都懂，但是却常常忘记用它来反思我们的教育工作。我们往往在努力"引导"每一个学生争取优异的学习成绩时却忘记了学生的个体差别；我们往往在"中考"或"高考"单一的指挥棒下却忽略了孩子们原本丰富的个性。回想起自己平日的工作，难免也会对那种所谓的"无可救药"的捣蛋鬼失去耐心而气急败坏，难免也会对那种语言接受能力差的学生深感担忧而唉声叹气。文章引发了我深刻的反思，作为一线的教育工作者，我应该要以怎样的态度来面对我的学生？

　　我们先要承认和尊重学生的个体差异。心理学家加德纳早在1893年就提出

"智力多元理论"。人的能力既是多元的，结构也不尽相同。有人爱好音乐，有人擅长写作，有人精于逻辑推理，有人节奏感强但空间想象力差，每个人都有自己的强项和弱项。同样，每个学生的思维智力，对知识的感知、领悟能力也都不一样。作为教师，我们应该更多地去深入学生的生活和心灵，用赏识的眼光去发掘每个学生的闪光点。教育事业的伟大之处不正在于它是一项发现美的事业吗？如果把满教室的孩子看成是未来活跃于各个领域的精英或者是服务于各行各业的朴实的劳动者，那么我们走进课堂的心是不是会轻松和快乐许多呢？

接下来要做的是努力发掘并引导学生的优势。孔夫子两千多年前就提出了"因材施教"的教育理念。教育的最本质的目的应该是促进人的全面发展，并激发人最大的潜能，而教育最大的成就就是激励受教育的人树立自信，获得一种对生命和生活的积极乐观的态度。所以教育不但是发现美的事业，更是创造美和延续美的事业。用一种理性、客观而又宽容的态度去面对各具特点的学生，那么教育教学也必将会成为一种对美的体验和享受。

此外，本书中第七章的标题："知识——既是目的，也是手段"很好地概括作者对知识的态度和定义。他写道："知识——这就意味着能够运用。只有当知识成为精神生活的因素，占据人的思想，激发人的兴趣时，才能称之为知识。"作者反对死记硬背，主张知识要"活起来"。曾何几时，在应试教育的狭隘指挥下，有多少人把学知识就等同于读书，把读书等同于读教科书，把读教科书等同于读考试内容。于是乎，照本宣科成为教师的职业，全盘接收成为学生的义务，课堂变成了了无生趣的场所。不过，幸好教育改革的春风刮遍大江南北，新的教育理念开始深入人心。就像苏霍姆林斯基早在20世纪中期提出的"知识既是目的，也是手段"。我们对"知识"也逐渐有了正确而理性的认识。与其说知识是信息，不如说知识是对世界的一种认识能力和认识态度。"爆炸"一词已经远远不能描述当今社会信息的更新的速度了。在信息量如此之大、获取信息途径如此之多的社会里，我们只能把"知识"当做获取信息、分辨信息的基础和手段。所以，对"知识"的正确认识也将引导我们正确对待教学。在教学中，我们更多地应该引导学生树立正确的"学习观"。学习不仅仅是为了获得知识，通过考试，而更多的是为了培养一种个人良好的学习习惯，形成基本的分析推理能力，学会与他人相处、交流，从而养成积极健康的人生态度的过程。而在校的学习是要为"终身学习"奠定良好的基础，成为获取新知识、创造新知识的手段。有了正确的"知识观"、"学习观"，那么教师的教学也会更多地关注学生在学习过程中生命化的成长，课堂也会因师生间自然的生命交流充满生机与活力。

再有，苏霍姆林斯基花了大量的笔墨，目的在于指导教师的成长与发展。他告诉刚走向讲台的老师如何在教育生涯里寻求真理与幸福，如何去向有经验的老师进行行之有效的学习。同时，他对教师的素养提出了明确的要求。其中，他反复强调的一个词就是"阅读"。"读书，读书，再读书……要把读书当做第一精神需要，当作饥饿者的食物。要有读书的兴趣，要喜欢博览群书，要能在书本面前坐下来，深入地思考。""阅读"永远是成长中的第一重要元素。只有通过"阅读"，才能保证自己碗里的水源源不断，常满常新。在教育的道路上，要实现自我的成长和成熟，不但要进行自觉的阅读，还要积极地反思，这样才能在吸收他人思想精髓的同时形成自己的想法。一个真正有魅力的教师应该是思想深邃、人格丰满、情感丰富的教师。唯有用思想来武装我们的大脑，才能改变自己的现状、陶冶自己的情操、丰富自己的内心世界和灵魂。阅读与思考是教师成长与发展的基础条件，但是写作也是成长不可缺甚至起决定性作用的因素。苏霍姆林斯基建议教师写教师日记。他在第四十六章中写道："教育日记并不是什么对它提出某些格式要求的官方文献，而是一种个人的随笔记录，在日常工作中就可以记。这些记录是思考和创造的源泉。"我很赞成这样的观点，也正在努力实践这种学习方式，并逐渐感受到这种写作给内心带来的欢愉。教育日记或教学随笔记录了自己在教学过程中的点点滴滴，其中虽没有华丽的词藻，没有动人的语言，只有简单的教育叙事和简单的案例分析，但是朴实的文字记录了教育教学过程中的喜怒哀乐，记下了真切的体会，更沉淀了点滴经验。要想成为具有"才，情，趣"的老师，"读，思，写"是我们成长必经之路。

《给教师的建议》是一本内容丰满、思想饱满的佳作。苏霍姆林斯基用自己的教育生涯实践着他的教育理想，在字里行间洋溢着对教育事业的热爱，对教师诚挚的厚望，对学生那种人性化的尊重。这种理想与真谛所散发的光芒可以跨越时代、跨越国度，启发教育者不断反思，激发教育者内心正能量，并引领教育工作者正确前行。

怀揣美好的教育理想，品读大师建议，我将继续努力前行。

（何正伟）

【名师点评】

本文主要从面上谈阅读《给教师的建议》的收获与感受，侧重写到了学生观、知识观、教师观，表达了沐浴教育大师理想与真谛所散发的光芒，怀揣美好的教育理想，努力前行的愿望，字里行间充满了对教育的热忱。

（王朝霞）

争做一名有思想内涵的教师

读完苏霍姆林斯基的《给教师的建议》，把他的教育理念和自己一一比较，还真感叹自己离做一名有思想内涵的教师差远了。本书不是空洞的理论训导，而是以提"建议"的形式，将作者对教育的认识和体验与你交谈。它深入你的内心，联系教育生活的实际，用生动的事例和实际体会，把枯燥的教育学、心理学的基本观点阐述得生动。整本书读来令人备感亲切、深受启发。那些关于教育的真知灼见，值得我们深刻地阅读、品味。从中我明白了许多鲜明的教育观点，在此从一些细节方面谈谈自己的肤浅认识。

感悟之一：有思想内涵的教师应具备较高的综合素养

苏霍姆林斯基从三个方面阐述教师的教育素养：首先是指教师对自己所教的学科要有广博的知识。最有效途径就是要读书、读书、再读书。要把读书当作第一精神需要，当作饥饿者的食物。要有读书的兴趣，要喜欢博览群书，要能在书本面前坐下来，深入地思考。确实，我们教师教给学生的那点基础知识，只是沧海一粟，教师要想提高自己的教育水平，在教学时游刃有余，这就需要持之以恒地读书，不断地补充自己的知识储备，使自己的知识海洋变得越来越宽广。其次教师的教育素养的一个很重要的因素，就是要懂得各种研究学生的方法。如何让学生喜欢你的学科呢？教师靠高尚的人品、积极的智慧、高超的教育艺术吸引了学生，学生喜欢你，自然会爱屋及乌，从而喜欢了你教的

105

这门学科。教师要在教育学生的同时不断学习，提高课堂效率，使学生真正成为"自己的学生"，使课堂成为学习知识的乐园。再者教师教育素养就是教师的语言修养问题。

感悟之二：有思想内涵的教师应善于引领学生

书中教育理论的一个突出特点是重视学生的精神生活和精神需要。他主张青少年"应当获得自己精神生活的完满和幸福，享受劳动和创造的欢乐"，学校教育和教学要重视和善于运用学生积极的精神生活，并不断充实和丰富它，使学生终身有正确的精神需要，能够享受丰富崇高的精神生活

苏霍姆林斯基这样论述关于学生学习兴趣、学习动机："学习的愿望是一种精细而淘气的东西。形象地说，它是一枝娇嫩的花朵，有千万朵细小的根须在潮湿的土壤里不知疲倦地工作着，给它提供滋养。我们看不见这些根须，但是我们悉心地保护它们，因为我们知道，没有它们，生命和美就会凋谢。"他反复强调："教育——首先是关怀备至地、深思熟虑地、小心翼翼地去触及年轻的心灵。"

兴趣是学生学习的动力，是点燃学生智慧的火花。没有兴趣的指引和铺垫，学生会觉得学习是枯燥无味的，从而产生厌学心理。

因此，教师要在培养学生学科兴趣方面多下工夫，要教给学生学习方法，使他们顺利获取知识，在体验一次次成功之后，能感受到学习的乐趣，这样才能激发学习的动力；教师要钻研教学方法，用科学的教法引领学法，像苏霍姆林斯基所说那样，我们若能把带有游戏性质的作业、科技知识、百科知识、趣味故事、趣味实验等列入教师备课的内容，一定能激发学生的学习兴趣。

感悟之三：有思想内涵的教师应善于思考

"接近那种无动于衷的头脑的最可行的途径就是思考。只有靠思考来唤醒思考。"教师都要思考，是什么促使某些学生变成了这个样子，什么方法才能改变呢。这里，苏霍姆林斯基让我们每一位教师要树立一个观念，那就是，要使一个人终于有一天发现自己是知识的主宰者，使他体验到一种驾驭真理和规

律性的心情。用认识来鼓舞起人的精神——这就是说，要使思想跟人的自尊融合起来。善于思考才能有创新，苏霍姆林斯基提出"两套教学大纲"，发展学生思维。第一套是指学生必须熟记和保持在记忆里的材料，第二套是指课外阅读和其他的资料来源。从苏霍姆林斯基的论述来看，第二套大纲是保证第一套大纲顺利完成的非常重要的前提条件。

读书与实践紧密结合这才是学以致用。读过这本书，我将以教育家为榜样，反思自己的言行，激励自己今后的工作；教育家的思想、精神与现行的新课程改革结合起来，借助思考，使教育充满睿智；争做一名有思想内涵的教师，涤荡学生的心灵、提高学生的素养。

（毛亿志）

【名师点评】

苏霍姆林斯基是一位伟大的教育家，他带给我们的是一份厚重的精神食粮。在他一生长期的教育实践中，既当校长，又当普通教师；既教课，又当班主任；既做具体工作，又搞科学研究。苏霍姆林斯基伟大、光辉的一生给我们最大的启示是：真正的教育家是教育理论家和教育实践家的完美结合。我们的教育工作就是理论和实践的结合，从《给教师的建议》一书中获得理论，"要成为孩子的真正教育者，就要把自己的心奉献给他们"。让苏霍姆林斯基的教育思想来指导我们的实践，相信有坚实的教育理论做指引，有广大教育工作者的无私奉献，我们明天的教育工作将会焕发出新的光彩和无穷的魅力！

（周芳）

带着大师的提醒前行

以前我不是太爱读书，就算读书，也总是匆忙，为读而读，现在觉得，读书贵在有所发现，化为我用，需要用心聆听智者的提醒，汲取行道的智慧，寻求成长的力量。因此在读《给教师的建议》这本书时，我读得很慢很慢，边读边想自己的工作，和自己的心灵对话："什么是教育？""教育的本质是什

么？""我们今天应该怎样当老师、教孩子？""我该怎样提升自己，保持一种适宜的状态？"一次次叩问，一次次思索，再一次次走进，总能聆听到大师智慧的提醒。

苏霍姆林斯基说："教学大纲、教科书规定了给予学生的各种知识，但是没有规定给予学生最重要的一样东西，这就是：幸福。我们的教育理念应该是：培养真正的人。让每一个从自己手里培养出来的人都能幸福地度过自己的一生。"

我想，教育的根本目的应该在于让自己和周围的人感到温暖和幸福。然而，我们如今的教育显然是太过于功利了，我们关注的重点从学生性格的发展和灵魂的塑造转移到了分数的高低和听话的程度，我们给幸福穿上了一件遥远而不可捉摸的外衣，并为了这个遥远的目标牺牲了自己和学生当下的幸福。我们口口声声告诉孩子是为他们的将来考虑，是为他们好，我们甚至为自己的严厉、惩戒披上一层含情脉脉的面纱，称之为"看不见的善良"。然而，是不是所有的学生只有考上重点高中、大学才会幸福呢，即便他们考上了大学就一定幸福吗？其实这都是一个未知数。可是，就是为了这个遥远而渺茫的目标，我们给孩子套上了一层层枷锁，戴上了一个个紧箍咒，从童年就将他们送入学校，美其名曰：不能输在起跑线上。他们再也不能拥有自由、多彩的少年时光，取而代之的是写不完的作业和上不完的课。我们恨不得学生都变成天才和神童，变成二十四小时不休息的学习机器。难怪有学生愤怒地喊出："老师，除了学习，你到底还允许我们干什么？！"学生的呐喊，如鸿钟在耳，振聋发聩！爱因斯坦说过，忘记了课堂上所学的一切，剩下的才是教育。这话蕴含了多么深刻的哲理！想想我们的学生，在忘掉了课本、作业、试卷等之后，心中还剩下了什么？

我们渴望立竿见影、马到成功，却忽视了教育的本质原本是缓慢的，忽视了生命中的纯粹优雅才是真正需要关怀的东西，忽视了学生乃至每一个人生活的目的是为了得到幸福。在追寻幸福的路上，我们因为走得太远，以至于忘记了为什么而出发。

因此，除了知识的传授，我们老师或许更应该致力于学生情商的培养，培养他们对美好事物的发现能力、感知能力，使他们有心情去关注一朵云的姿态、一缕风的抚摸、一棵树的形状。我更愿意相信，教育是师生的相遇，是相遇后共同进行的一段心灵之旅，是在旅途中的轻盈共舞。我愿意在这场相遇、旅行、共舞中做一个温暖的师者，和我的学生一起寻找幸福的彼岸。

苏霍姆林斯基说："教育者的爱一旦走入青少年的心灵，就会产生巨大的力量，不仅使他们的心灵萌发出善良崇高的情感，而且能点燃智慧的火花。"

唯有爱才能走进学生的心灵，没有爱就没有教育。教师有了爱，才会有一颗宽容、柔软、慈悲、悯爱之心，才能常常面带微笑，温情地对待学生一切，才能懂得更好地关爱生命、呵护心灵，陪伴孩子更好地成长。当学生感悟到这种师爱后，便会激发出善良的、积极的、向上的热情，从而达到良好的教育效果。

作为教育者，被人们美喻"灵魂工程师"的我们，不仅仅只是"传道授业解惑"，更重要的是关爱生命、呵护心灵。为此，我们应该常反思是否做到了教育的公平，是否做到了真正爱着每一位学生，尤其是每个学校里那些"无药可救"的"后进生"。若没人关注他们的感受、他们的思想，他们常被批评和惩罚，遭受教师的另眼相看，那么他们将会沦为真正的弱势群体。其实他们再怎么犯错，也有他们的思想和感情，有他们独特的思维和心灵，他们不是我们显示个人魅力的对象，更不是被动等待我们去塑造的苍白灵魂。他们需要更多的关爱、理解和尊重。其实孩子们看起来最不值得爱的时候，恰恰是他们最需要爱的时候，假如我们讨厌孩子，那么我们的教育还没有开始，实质上就已经结束了。不要有一句话，不要有一个手势使得这种学生感到我们已经对他的前途失掉了信心。想一想教育专家们的谆谆告诫："你的鞭下有瓦特，你的冷眼里有牛顿，你的讥笑中有爱迪生。"就如苏霍姆林斯基所说，我们当教师的人应当记住：对于每一个学习困难的儿童，不管他已经被耽误到了什么程度，我们都应当让他在公平的、劳动的、精神的生活道路上站住脚。我们的崇高的使命就在于：要使我们的每一个学生选择这样一条生活道路和这样一种专业，它不仅是供给他一块够吃的面包，而且能给予他生活的欢乐，给予他一种自尊感。

张文质说："教育是中年人的事业。"我想他要表达的是，中年人有了更多的人生经历和感悟，更重要的是有了孩子，成为家长，常常会换位思考，可以将父母之爱升华为对学生的博爱。再去面对孩子的时候，我们眼里看到的不

是成绩、不是名次、不是自己的颜面，而是活生生的拥有独立思想的"人"。我们的心会不由自主地变得柔软起来，想要像爱自己的孩子一样去照顾这一群可爱的孩子。正如张爱玲所言："因为懂得，所以慈悲。"作为老师，拥有一颗温润的充满爱的心灵不仅给学生带来幸福，更重要的是自己也会体会工作的美妙，从而过上一种幸福完整的教育生活。

有人曾说："我诚挚地相信，生命是一连串的企图和失败，只有在偶然的机会中，我们才能体验到成功，最重要的是继续尝试。"作为教师的我们，在学习、享用先进的教育理念的同时，最重要的是继续尝试，在尝试中反思，在反思中升华，不断丰富、拓展教育理念，使自己成为一个真正做教育的人，一个真正懂教育的人。

（雷雄飞）

【名师点评】

苏霍姆林斯基是一位通过理论与实践相结合的道路来发展教育科学的大教育家。他的教改经验和他的教育思想是符合当代教育发展的一般要求的。他对教育事业的无私奉献精神，是他取得成功的力量源泉；他对理论问题的勤奋、求实的探索精神，使他获得了重大的理论建树。读《给教师的建议》这本伟大的教育著作，就是一次教育的洗礼。"教育是中年人的事业。"我非常认同你的观点。苏霍姆林斯基说过"爱和关怀是一股巨大的力量，它能撑起一片天空"。有爱的教育才是完整的，我们要拥有一颗温润的爱心，滋养孩子的心灵，发扬教育大家的精髓，执着地追求自己心中的教育梦想！

（周芳）

教育要把学生看成活生生的人

苏霍姆林斯基的《给教师的建议》犹如一部教育百科全书，全面而又生动地阐述了许多教育真理。阅读这本书时，那些完全不带一点说教而又意味深长的阐述让我一次又一次感到心灵的震撼。

　　"教育工作中什么是最重要、最主要的？"苏霍姆林斯基认为，教育工作中"最重要的是把学生看成活生生的人"。

　　"学生是活生生的人"，这句简单的话蕴含了太多教育的真谛。很多时候，我们对这句话的理解只停留在一个陈述事实的层面，而没有深入探寻其中的内涵。结合十几年的工作实践，我以为这句话至少可以从以下这些方面理解。

　　首先，学生是个性鲜明的存在，不是统一了标准尺寸的机器。既然学生是活生生的人，那么每个人有每个人的性格、脾气、兴趣、爱好，可能甲科学得好而乙科很糟糕，有中规中矩的学生也有顽劣捣蛋让老师头痛不已的学生，如此等等。作为老师尤其是作为班主任，你在欣赏那些表现突出、成绩优越的学生时，也要接受那些成绩非常糟糕，还总是会弄出一些状况的学生。因为他们是活生生的人，他们不会像机器那样只需你按一个按钮就可以静止或工作，所以对于工作中出现的任何状况你都不要感到意外，而应是做好了充分的思想准备去处理。倘若，你没有这样的心理准备，你必然会觉得教育是一件繁琐磨人的事情，会把自己弄得身心疲惫并丧失教育工作中的成就感与快乐的体验。

　　其次，学生是活生生的人，有着最基本的成长规律。这就要求我们——教育工作者，应有最起码的对儿童身心成长的认识。我们是否对所有孩子都提出同样的要求和期待而忽略了他们的个体差异？我们需要因材施教，尊重个性，接受差异。教育应对部分同学怀有期待，而不是让他们始终生活在没有希望的黑暗的角落。我们是否为了成绩和升学率而让学生淹没在书山题海中，压抑了他们的天性呢？学生是活生生的人，不能因为急功近利，就只培养一些读书的机器。我们是否只关注了孩子的身体健康而未顾及孩子的心理健康？学生是活生生的人，健康的标准应该是身心健康。还有，我们是否以成年人的眼光来思考孩子们的事情？是否用成人的胸怀来包容学生的过错？作为教育工作者的我们是否了解每一个阶段的身心特点？……如果不是，我们怎能说我们把学生看成了活生生的人？

　　再者，学生是活生生的人，而被尊重被欣赏是每个人当然也包括学生内心深处真实的渴望。苏霍姆林斯基说：学习——并不是把知识从教师的头脑里移到学生的头脑里，而是教师跟儿童之间的活生生的人的相互关系。在这种关系中，赏识是最容易建立起师生之间互信的一种手段。相互欣赏的师生关系必然是积极的、融洽的、愉快的，传道授业在不知不觉中轻松完成，没有说教带给人的厌烦感，没有灌输带给人的沉重感。赏识学生，把学生当成活生生的人，让他们在被尊重中把自己的长处尽量彰显，而将自己的短处尽量克制。

　　把学生当成活生生的人，要学会赏识学生，任何时候，都不给学生贴标签，永远不要表现对学生的失望放弃。苏霍姆林斯基说："我们的工作的辩证法告诉我们，教师永远也不会遇到这样的时刻的到来，使他有权利说：由于我尽了自己的努力和操劳，这个学生已经达到极限，从他身上再也得不到更多的东西了。学校教育里的许多失误，其根源正是在于有些人抱有这种思想。"事实上，每个孩子都是一个独特的世界，你放弃了他就是放弃了一个世界。记得有一次，班上有一个总是状况频频的学生中午迟到了，我当时特别生气，心想等他过来一定狠狠批他一顿，因为这已不是他第一次迟到了。过了一会，我再到教室的时候，他已经来了，还拿了一个拖把在拖地。我问他，你为什么拖地啊？他说："我想加评比分。"我当时又好气又好笑，心想，你不迟到不就可以少扣分了吗？转念一想，至少他还是对评比分看得重，说明在他心里还是有个人荣誉感的。所以，当时我不但没有批评他，反而表扬了他的义务劳动的行为。这个孩子当时很高兴，跟我说了他迟到的原因，并保证以后会注意。事后我想，如果当时我只是就他迟到的行为劈头盖脸一顿，这个孩子以后也许就破罐子破摔了，因为他会认为反正做错了事，就没办法得到老师的原谅了。《致未来的教师》中提到的阿辽沙不就是因为老师给他贴上了"毫无希望"的标签而采取了报复行为吗？

　　总之，读完苏霍姆林斯基的《给教师的建议》，我深深地认识到：每一个孩子的内心最初都燃烧着向上的火苗，教育就是要把学生当成活生生的人，了解儿童的身心特点，尊重学生，理解学生，共搭师生互信之桥，只有这样，才能让孩子快乐健康地成长。

（廖美华）

【名师点评】

　　一个有着近十年工作经历的老师，在读书中不断地总结和反思，这就是读书的魅力所在，更是一种精神上的收获。把学生当成活生生的人，这样的教育才是真正的教育。我们的教育是无数的爱心和细心串接在一起的，关注孩子的每一个成长，积极地引导学生前进。做一名成功的教师，要勤于读书、善于思考。通过读书，可以提升教育素养；借助思考，可以使教育充满睿智。因为只有智慧的教育才算得上是一种阳光的沐浴、雨露的滋润，才能真正直抵学生的心灵，润泽学生的一生。我想：教育的春天即将到来，我们仍需努力！

（周芳）

第三节　忠于另一种鼓声

——阅读《第56号教室的奇迹》

投入让头发着火的热情

"让孩子变成爱学习的天使"，这是写在《第56号教室的奇迹》封面上的文字。这几个字概括了雷夫老师的教育理想，或者说是折射出了雷夫老师的教育追求。雷夫老师对孩子的爱的实例，在书中随处可找。应该这样说，爱孩子，是雷夫老师获得成功的关键。

我虽不是优秀的班主任，但深深懂得爱的教育的重要性。2009年来到长沙工作，遇到的最令人惊恐的事是，目睹一位家长在众目睽睽之下，以雷霆之势将自己的儿子按倒在地，再加之以拳打脚踢，学校出动了好几位男老师才将其拉开。我当时在想，这孩子究竟坏至何种地步才让父亲这样大动肝火，以至拳脚相向？接下来发生了一件更令我惊恐的事情就是校长钦点我无条件担任该生所在班级的班主任，而据我所知，这个班在一年之中已经连换四任班主任。带着犹豫与惶惑我走进这个班级，开始走近他。果不其然，这个男孩是我见过的最顽固不化的学生之一：性格孤僻，与同学关系恶劣，抽烟又上网，问题极多。前几任班主任拿他都没有办法。我首先了解了他的家庭背景，他来自于一个离异家庭，父亲再婚，后母只略大他几岁，与其父生有一女。加之该生身体有残疾，是一个唇腭裂孩子。难怪乎？我真心理解了他作为一个重组家庭里的孩子内心的无奈和痛苦。

第一次通夜上网被抓后我问他为什么要伤害自己的身体熬夜上网，耐心劝导换来的是他的沉默。连续几次通夜上网被发现以后，我的耐心也被消磨殆尽，我从劝告到批评再到狠狠警告，甚至在办公室大发雷霆地吼他，连办公桌上的什么东西都摔了，场面很吓人，但他似乎还是无动于衷，总是淡定地看着别处，问什么也不答，一副死猪不怕开水烫的模样。究竟怎样才能打开心灵沟通的大门呢？我苦苦思索……

在他再一次上网被抓以后，我将他叫到了办公室，静静地打开了一个文件夹，拿出我写给他的一封信，在信中，我用理解的口气，分析了他上网的原因无非是对现实的逃避和对这个家庭的消极反抗，我肯定他的善良，因为他毕竟没有去伤害别人，信中写得更多的是我对他的期望与鼓励，我真诚地告诉他，老师会永远和他站在一起，和他一起承担生活中的苦难。我对他说："老师不会放弃你，你也不能放弃你自己，要知道，你不是一个人在战斗，只要你愿意转身，你就能看到老师关注的眼神，让我搭着你的肩膀一起努力，做主宰生活的强者！"

看完信，他依然沉默，静静地伫立在我身旁，他个子不高，我能用眼睛的余光看到他眼里闪烁的泪光。几天后，我抽屉里放着一封匿名信，但一看笔迹，就知道出自他之手。信很短，只是告诉我班上还有某某上网、某某早恋等班级情况。多么单纯可爱的孩子！之后我常常收到类似的信件，有时聊班上的情况，有时也会给我支招。我上课也故意经常找他回答问题，但他有时知道也不回答。从他躲闪的眼神中，我知道是因为唇腭裂，他怕同学笑话，我理解孩子的难处。于是我找来了他的父亲，父子俩是早已水火难容。我首先说了他父亲几句，孩子再怎样也是自己的骨肉，粗暴教育解决不了问题，再者，唇腭裂这么多年了，早应该去动手术了，现在孩子大了，懂事了，就造成了他的自卑心理。他的父亲也坦言对孩子关心不够，给孩子造成被遗弃感，父子之情淡漠了。我特意安排父亲自己去教室把孩子叫出来，一起去吃顿饭，好好谈谈心，让孩子感受父爱的温暖。自此以后，他上课不打瞌睡了，也没去上过网了。一个别人眼中的顽劣孩子，他的偏执与倔强，其实只是掩饰内心的孤单的武器！

一年以后，因为学校体制改革，我辞职单干，离开了学校。半年后回校，看见他站在办公室里，新班主任老师涨红着脸，对他吼着，他又和之前一般沉默，嘴唇还是没有手术，巨大的裂痕敞开着，我的心中一阵痛……我把他叫到办公室外的僻静之处，将手轻轻搭在他的肩膀上，说了一句："我知道你心中的恐慌和痛苦……"孩子此时已泪流满面，我当时真后悔自己的辞职，是我如此残酷地将之抛下，去寻找自己想要的生活。可是，他总得学会自己生活！我要求他回办公室给老师道歉，他听从了，但最后他还是没有读完高中……

在和他相处的那一年时间里，我相信他是快乐的，是轻松的。亲爱的老师们啊，其实有时孩子需要的只是你心平气和的沟通和理解，一旦心灵的坚冰打破，师生之间必定是阳光朗照，其乐融融！

上周学校组织了一次秋游，班上有个女孩不愿参加，平时在班上表现得特别孤僻。我初一时对她进行过一次家访，了解了这位孩子之所以孤僻，是因为贫困的家境。她害怕别人耻笑她有一个有病的父亲，有一个低工资的母亲。这一年来，我不断用爱去教育和感化她，让她敢于面对生活的困境，做一个乐观坚强的女孩。她在这一年里也有了变化，虽然成绩依然并不乐观，但是脸上开始有了笑容，并愿意与我交谈了。这次秋游，她没有报名，我私下对她说："教师节你送了一幅漂亮的画像给我，画得太像老师了，我真的很想邀请你去秋游。"她虽嘴上还是说不想去，但我分明看到了她眼中闪烁着被关注的欢喜。

我不是雷夫老师，但从他的身上我学到了很多，读《第56号教室的奇迹》使我精神上得到了洗礼。我会努力向他靠近，投入让头发着火的热情，让孩子们从内心爱上学习，爱上生活！

（谢兰）

【名师点评】

有感于雷夫老师爱的教育，作者叙写了自己亲历的两个教育案例，生动地诠释了什么是爱的教育。文章强调了教育中懂得爱的重要性，表达了追随雷夫努力做教育的理想和热情。生动的叙事、真切的感受是本文最突出的特点。

（王朝霞）

像莎士比亚写诗那样去做老师

李希贵老师为《第56号教室的奇迹》所写推荐序的标题是"像莎士比亚写诗那样去做老师"。作为一名教师，看到这句话，我内心非常受触动，这是一种多么富有诗意的境界啊！带着憧憬，我走进了五十六号教室，我不禁惊叹于雷夫的睿智，而且心中更加坚定地相信，一个卓越不凡的孩子背后，一定有一位卓越不凡的老师。

爱因斯坦说：教育就是忘记了在学校所学的一切后剩下的东西。作为教师，我们到底要教会孩子些什么？我想这是一个值得我们每个老师深深思考的问题。让我们一起来看看雷夫老师都教会了孩子们什么。

雷夫老师教会了孩子自己去观察、发现与感悟。如：我们很多老师都知道守时的重要性，于是在很多班级的班规中就出现了相关的奖励和处罚措施。我摘抄了一个班级的班规中有关考勤的奖惩措施："无故旷课者扣2分每节，无故不参加早操、课间操者扣2分每次，跑步、读报未出席或不认真扣2分每次，未经批准私自外出者扣5分每次，并取消请假资格"；"一周内无迟到、无早退、无旷课，加5分，若整个班级都无迟到、无早退、无旷课，每人加6分"。应该说，这样的班规班纪设置得很详细，可是孩子们往往读了规则，但是不一定懂得规则内在的含义——守时的重要性，所以我们经常发现，无论我们怎样说教或奖惩，还是时不时会有人迟到，奖惩制度对某些孩子的教育功能就显得相当的薄弱了。还有一种情况就是，孩子们可能在学校表现得非常好，而一旦是周末或者是不在学校，就完全不是这么回事了。我们有些老师会说，我只管他们在学校，在家里我还能管得着吗？在家中，责任就是家长的。而我认为，孩子们对制度的漠视，在学校和在家里两种完全不同的表现，其实也正是我们的教育的失败之处。雷夫的教育则完全不是这样的，下面是我摘抄的一段雷夫和孩子们的对话：

奥斯汀：人都到哪儿去了？

雷夫：人们会来的。

奥斯汀：那他们错过了好些球赛！

雷夫：是啊！

凯萨：但是他们不想知道过程。

雷夫：嗯，他们只查看分数。

凯萨：但是分数不会告诉你每件事。

雷夫：那就是我们为什么准时来。

杰西卡：迟到对球员也不好。

从这段对话中我们看到了雷夫教育过程的与众不同，一切来得那么自然。孩子们通过自己的观察和思考，加上雷夫似乎是不经意的引导，深切体会到了守时所带来的过程的美和人与人之间的尊重之美。孩子们在自己观察、发现和感悟的过程中，领会到守时的重要性，而守时这一优良的品质也就真正植入孩子们的内心深处。德国著名教育家第斯多惠曾提出"一个差的教师奉送真理，一个好的教师则教人发现真理"，而雷夫毫无疑问是后者。

其次，雷夫引导孩子们领会"专注"的重要性。专注，就是集中精力、全神贯注、专心致志，是一个人要达到成功彼岸所必需的高尚品质。一个专注的人，往往能够把自己的时间、精力和智慧凝聚到所要干的事情上，从而最大限度地发挥积极性、主动性和创造性，努力实现自己的目标。我们很多老师在课堂上发现每个孩子不集中注意力时，我们的通常做法是要么把声音提高几度，或者是停下来，也有老师会直接走近他，甚至点名"某同学，集中注意力"，我想这些方法都是为了引起学生们的有意注意，可有意注意容易造成学生精神上的疲劳感，因此不宜经常使用。下面是雷夫的做法：

第二局红雀队击球，艺琳正注视着球场，结果被球迷们雨点般的沙滩球击中头部，她眼里充满着泪水——不是因为痛，而是被吓了一跳（她专注于球赛），随后还发现四周的人都在嘲笑着她，后来她一直紧咬着双唇。孩子们都在等待着雷夫的解释，于是有了雷夫与孩子们的一段对话：

杰西卡：这是怎么回事？

雷夫：这常常发生。

杰西卡：这些人为什么这么做？

雷夫：他们认为这很好玩。

杰西卡：球赛本身不是很好玩吗？

雷夫：不同的人看待事情不一样。（沙滩球引开了艺琳对棒球的注意力，雷夫也估量着在未来的日子里给她一个振作起来的谈话。但是一段时间后，艺琳请求雷夫答应她与杰西卡离席去走道下面去拍几张照，拍照回来，艺琳已不再咬着嘴唇，雷夫试着与她谈谈话。）

雷夫：艺琳？

艺琳：什么事？（显然，艺琳已经忘记了沙滩球的事，这正是雷夫需要的结果，于是把话转向另一个话题。）

雷夫：你认为摄影的第一条规则是什么？

艺琳：靠近些。（专注让她忽视了沙滩球与其他不必要的分心事件。）

雷夫给了艺琳空间与时间去处理自己的经历。

第三，雷夫教会我们"正确引导"孩子的方法。雷夫认为，电视不但浪费一个人的时间，而且狡诈地塑造了人们的价值观。这种潜意识的教唆，误导我们的心智去相信运动员比全球变暖更重要，或为游戏主机争执比更重要的世界新闻还值得重视。对我们的孩子来说，还有比电视更可怕的，那应该就是网络和玄幻小说。老师和家长都知道网络和玄幻小说对孩子们的生活、学习及思想所造成的冲击和破坏，但往往又无计可施。雷夫教育孩子的最终目的是让他自己关掉电视机。那么，我们教育孩子的最终目的，我想应该是让他们自己意识到网络游戏和玄幻小说的危害，从而远离网络游戏和玄幻小说。作为老师和家长，往往在预防方面做得不够，特别是家长们，一开始总觉得孩子还小，玩玩无所谓，只要能控制自己不上瘾就没问题，通常不会想到网络游戏和玄幻小说很容易让孩子上瘾，而一旦上瘾就可能深陷泥潭而不能自拔，那时悔之晚矣。当孩子沉迷于网络与玄幻小说后，老师与家长通常就会苦口婆心地劝，有的家长气不过时也避免不了用打骂的方式，各种手段用尽，而这似乎也起不到很大作用，甚至有些孩子还可能因为老师父母的阻拦走极端，酿成不可挽回的悲剧。老师与家长忽视了教育应该是个长期的过程。我们应该要有一定的预见性，我们应该从一开始就要杜绝某些事情的发生，而不是等到事情发生后再想办法去处理，那往往会事倍功半，甚至毫无意义。从一开始，雷夫要引导孩子们走的就是一条健康的成长之路，他会带领孩子们做很多有意义的事情，如与孩子们一起排练莎剧，通过一遍遍的背诵台词、一遍遍的演练直到演出，他让孩子们意识到不劳而获的功成名就是罕见的，让孩子们意识到优秀本身就是一种奖赏、是一种生活方式；雷夫会带着孩子们一起去旅游、一起去看棒球赛等，通过接触现实生活中的各种人、各种事，让孩子们去学习、体会其中的差异，让孩子们自己去分辨真善美与假丑恶，并且在十字路口做出正确的决定。所以我们不要只知道阻止孩子去做某些事，而更多地要去引导孩子做一些健康、有意义的事情，比如说全家一起去户外活动，一起旅游、游泳，一起参加

一些社团活动，等等。在活动中，让孩子学会自己去感悟，自己去成长。

"假如你命该扫街，就扫得有模有样。一如米开朗基罗在画画，一如莎士比亚在写诗，一如贝多芬在作曲。"这是雷夫要求孩子们记住的。我想这是一种至高至美的人生追求，这不正应对我们中国的一句古话：止于至善。

我们很多老师对当前的教育行政充满怨言，对教育环境更是诚惶诚恐，把教师工作当做一种职业，甚至于得过且过。我想我们的教师如果看了雷夫老师的这本书后，心情会不会好一些？我们会发现雷夫比我们做得更艰难，在花时间去埋怨教育行政的折腾、教育环境的极度恶劣与像莎士比亚写诗那样去做教师之时，雷夫做出了自己的选择，像莎士比亚写诗那样去做教师。

"一个男人站在海边，海滩上有很多被海水冲上岸的海星，他捡起海星，一个个扔回大海，一个孩子很不理解。

孩子：你救不了几个的！

男人：（又拿起一个扔到海里）是呀！但是我能救活这一个。"

亲爱的老师，别再埋怨，既然我们不能改变其他，就做好我们自己；别再彷徨，虽然我们不能捡起所有的海星，但是我们至少可以捡起面前的这一只；别再气馁，虽然我们写不出莎士比亚那样的诗篇，但我坚信我们一定可以用莎士比亚写诗的态度去做好老师。

（李黎明）

【名师点评】

教会了孩子自己去观察、发现与感悟，引导孩子们领会"专注"的重要性，引导孩子们走健康成长之路，带领孩子做有意义的事情，这是雷夫的教育思想。抓住教育的一切契机，似乎不经意地、自然地改变孩子；抛开怨天尤人和得过且过的思想，尽力改变自己，这是作者的感悟。教育事业是一项如莎士比亚写诗般的事业，而我们的日常教育工作却是脚踏实地的坚守。

（王朝霞）

每一个孩子都可以是一个奇迹

最初读《第56号教室的奇迹》，对刚刚从事教育工作的我，最具有吸引力的一个词语就是"奇迹"。它在英文中的单词是miracle、wonder，在中文中的解释是不同寻常的事情，不平凡的事，而换个说法就是极难做到的却做到了。

雷夫究竟做了什么？这间教室究竟给孩子们带来了什么？56号教室的奇迹又是什么呢？扉页中有段简短的描述让我记忆深刻："孩子们如着迷般每天提前两小时到校，放学后数小时内仍不愿离去。"孩子们将56号教室当成了乐园，在这里感受到了超越家庭的一种温暖，更重要的是他们在这里学会了受用一生的技巧、高尚人格和坚定的信念。对照我们现实中的教育，心中的感受良多，在我们的校园里，还有什么事情比放学、放假更让学生开心的呢？

雷夫老师在56号教室，创造的一个关于普通教室的奇迹，带给我诸多启示：

首先我们要学会用信任取代恐惧，做孩子可以信赖的依靠，讲求纪律、公平，并且成为孩子的榜样。"三年级学生艾力克斯的书包很乱，实际上，比'乱'还可怕——十足像个塞满纸张、资料夹，以及糖果的核爆灾区。艾力克斯的老师原本可以把握这次机会对他进行教育，但他却对着艾力克斯大吼大叫，还把书包里的东西全都倒在桌上给同学看。接着，他叫学生去他车上拿照相机，把桌上的一片狼藉拍下来，还对艾力克斯说，他会在家长返校夜向所有来宾展示这张照片，让大家知道他有多邋遢。最后，这位老师还做了一件事情：他对全班同学说，大家如果有垃圾要丢，不要丢到垃圾桶，直接丢到艾力克斯桌上就好了。"这是雷夫老师书中举的一个例子，看起来是多么熟悉的画面，这种以粗暴的教育方式来解决教育问题的故事就经常发生在我们的身边，甚至于自己的身上。记得在正式成为一名教师之前，有人告诉过我："做老师，最重要的就是要能'镇得住'学生！"这也成为我初为人师的一条重要原则。但是随着教龄的增长，我越来越深刻地感受到"镇得住"不是杀手锏，因为在长期的教育实践中，我们会遇到更多想"镇住"老师的学生，所以"镇得住"不能一厢情愿地建立在学生对老师敬畏的基础之上，拥有了爱心、耐心、信任、智慧，同样可以成为"镇得住"学生的老师。第56号教室之所以特别，不是因为它拥有了什么，反而是因为它缺少了某样东西——这里没有害怕。想想中国的教育，古往今来似乎都是在恐惧中进行的。古代的私塾里，老师有戒尺，孩子怕老师打手心；现在的孩子则是怕老师向家长告状、怕老师发脾气……但雷夫以他对教育的深刻理解，让和谐、信任、公平、公正充盈在这间不足40平方米的教室里，使得56号教室成为了孩子们自由舒展、健康成长的乐园。

其次在阅读中，我深切感受到"没有爱"的老师肯定不是一位好老师，但"有爱"也肯定不能成为界定好老师的唯一标准。"几乎每年48周，每周6天，每天12个小时，我和五年级的学生都会涌进我们那可怜狭小的教室里，沉浸在莎士比亚、代数和摇滚的世界里。每年其余的时间，我和孩子们都在旅行。"雷夫老师把几乎所有的时间都扑在了56号教室里，放在了教室里的孩子们的身上。即便是这样，他还常常在凌晨时分躺在床上睡不着，为一个无力教育的孩子而感到极度痛苦。所以奇迹的发生不是偶然的，正是雷夫这样的用心、用力花时间，才会有56号教室的奇迹。他说："要达到真正的卓越是要做出牺牲的，需要从错误中汲取教训，同时付出巨大的努力。毕竟，教育是没有捷径的。"在我们周围，能像雷夫老师这样舍得付出的人并不少见，可是教育的目的不仅仅是用爱去温暖，还要让受教育者能正确地理解生活，为他们指引生活的方向，把他们引向深奥高远之境。雷夫老师所在的霍伯特小学，高达九成的学生家庭贫困，且多出自非英语系的移民家庭。可就是在这样的恶劣环境中，他班上小学生的成绩高居全美标准化测试前5%，他班上的孩子长大后纷纷顺利进入哈佛、普林斯顿、斯坦福等美国的名校就读。奇迹的产生更重要的原因是雷夫老师通过思索和实践总结出的教育方法：对那些移民家庭的贫困孩子进行品格的培养，通过激发孩子对自身的高要求来成就孩子的一生；他坚持让孩子每天阅读，而不是为了测试、更不是做表面文章给人家看，而是因为喜欢书本才阅读；他坚持每个礼拜和孩子们玩"Buzz"的游戏，不仅仅是做一些数学练习，而是把许多的知识整合在了一起；他坚持让56号教室的孩子每天运动，不仅仅是为了强身健体；他坚持每天早晨和孩子们一起解决问题，不仅仅是为了得到答案，而在于发现正确解答的过程；他坚持每个星期二让孩子们观看电影……在这些坚持的背后，我分明看到了雷夫老师对教育真谛真切而深刻的领悟，也正是这无数个坚持，才缔造了56号教室的奇迹。

然后要学会客观、正确地看待学生、评价学生。雷夫老师目睹了一个场景："这关系到你的一生！"激动的老师对露西尖声叫喊着。"你的未来就靠它了！给我坐下，闭上嘴，给我认真一点！"露西今年九岁，即将参加本州的数学测试。又一个似曾相识的场景。原来在我们大谈中国的应试教育弊端，鼓吹西方教育理念的同时，美国的孩子也逃不出标准化测试的梦魇。老师、家长、学生同样在这样的分数的洪流中苦苦挣扎，评价学生的标准依然逃不开成绩。但是56号教室里的孩子们成绩的取得，不是苦训、不是题海，他们的乐学、善学来源于老师雷夫对他们的正确引导："对于学生来说测试是温度计，是一项测量的工具，是对某项技巧理解的测试。一次考不好，并不代表世界末日，明天的太阳照常会升起。"考试的结果在学生心中不是最重要的，因为雷夫老师告诉他们，一生之中最重要的问题，不会出现在标准化测验上。56号教室启示我们："绝对不可拿某个学生的测验分数跟另一个学生相比，一定要用学生过去的表现来衡量他现在的进步。"我们的目标是开发每一位学生的特质，尽可能让他成为一个特别的个体。这让我想起2500多年前孔老夫子的"因材施教"的话语。看来成功教育的实质是不会因时代、国界而有所差别的。

再读《第56号教室的奇迹》，除了学习，还有心灵的碰撞。雷夫，他是一个标杆，也是一面镜子。现在的我也有着自己的一方天地。我的学生们选择成为专业生，大部分人初入学校，心里总是避免不了失意与落寞。但是在我眼中，他们每一个个体都是特别的存在，"你是最优秀的"，要"做课堂的主人"，"不给错误找借口"……一次次尝试、一次次成长。2013年我陪学生又走过了一个见证成长的夏天：陈★★，男，18岁，中国美院设计系，校宣传干事；杨★★★，男，17岁，武汉大学设计系就读，任学校宣传部干事，院篮球队、模特队队员；彭★★，女，18岁，西安美院油画系，班级书记，学生会干事……

我相信只要用心栽培，每一个孩子都可以是一个奇迹！

（朱彩霞）

做雷夫式的教师

正如尹建莉所说：读《第56号教室的奇迹》是一个充满惊讶和感动的过程！它真的是一本很好的书。在书中我随着雷夫老师的阐述，历阅了一个一个的教育奇迹，品味着一点一滴的所思所想，如清泉洗涤染尘的镜台，让信仰愈发透亮，如行走疲惫时前方的万家灯火，让步伐愈发坚定。在阅读中，我发现对于雷夫老师来说：教育真是一件幸福并能使人幸福的事。我为他的大爱、思索与坚守所感动。

雷夫是一位真正的有大爱无疆的思想且能践行的教育者。他所有的思索与创造，都源于这份深刻的大爱。他想通过自己的努力，成就孩子一生的品性。为达此目的，他有过困惑、也有过不安，但更多的是直面与思考。他的努力使有限的教室无限地延伸，在雷夫看来，教室不是看守所，更不是监狱，他所提倡的是"没有害怕的教育"和彼此的信任。教室应是盛开着智慧花朵的乐园，是孩子们追求真理的安全的港湾，孩子们在此有的是流连忘返，有的是快乐成长，有的是着迷般地每天提前2个小时到校，有的是放学后数小时内的仍不愿离去。教室在雷夫眼里，没有了墙壁的阻碍，有的是空白处流动着的真理、智慧和爱。在我们很多教师看来，上课的时侯学生能安分地待在教室里认真探索都是一个奢求，他能做到如此，不能不说是一个伟大的奇迹，不能不说这真是一位伟大的教师！他是怎么做到的呢？我边读边思边探索，发现所有这一切的取得都源于他对教育本质的回归——强调对孩子品格的培养。雷夫深信：着力孩子的品格培养，激发孩子自身的高要求，才是成就孩子一生的根本。是哦，教书育人，教书是途径，育人才是根本。

雷夫是一名醒着的教育者，因其醒着，故而能看见。每个人都是这样，看清别人相对容易，认清自己却是很难。印度诗人泰戈尔，是亚洲第一个荣获诺贝尔文学奖的作家，誉满全球，在他显赫的名声和甚嚣尘上（铺天盖地）的吹捧面前，他说了一段发人深省的话："他们理想中的我，决不是真的我"，"我要从我的名誉中突围而出"。雷夫也是如此，他从教20多年，获得众多大奖及荣誉，他的教育理念是如此广泛地被认同，但他决没有沉迷于自己已有的成就，他依然清醒探索思考着，如何才能让56号教室的学生有最大限度的发展。尽管这一过程伴随着痛苦、迷惑、不安，等等，但他总能不断地调整自己适应学生、适应目标，找到有效的办法达成好的教育效果。一名好教师的成长，必须善于反思和总结，并逐渐形成自己的独特思想。这才是教育者的真智慧、大智慧。

雷夫是一名勤奋并务实的教师，是理想与现实完美结合的典范。优秀的教学质量，孩子们个个彬彬有礼、诚实善良，这是每个教师的梦想。雷夫做到了，他能做到还源于他的不驰于理想，而是专于现实的引导。教育智慧来源于教育一线方显真实，对教育智慧的理性的总结分析方能成之为理论。雷夫的理论简单有效，是其20多年教育实践的结晶，凝聚了他的理想、追求、困惑与勤思。

向雷夫老师学习，他能坚守自己育人的信仰、教会孩子阅读、教会孩子技能、积极创新课堂激发孩子的兴趣和唤醒孩子的道德自律，使每个孩子都变成"爱学习的天使"，在他的世界即使偶有阴霾，但他也总能让自己向着阳光生长，让孩子向着阳光生长，他是幸福的。

雷夫真是一名伟大的教师。

（欧建志）

【名师点评】

教育不求轰轰烈烈的壮举，教育是"润物细无声"的"慢工细活"，教育就是从老师的身上把一个民族的精神辐射到孩子们的身上，教育就是一种继承，教育更是一种文化和精神的延续和思索。每个孩子就是某个老师的影子，《第56号教室的奇迹》中讲述的雷夫先生是一位伟大的老师。这样踏踏实实教书育人的楷模，值得我们学习，更值得我们反思自己的教育工作：我们是幸福的老师吗？我们的学生是"学习的天使"吗？做一个"醒着的教育者"吧，让我们从"奇迹"中寻找答案，让雷夫的精神引领我们去实践和完善自己的教育，成就自己，更成就我们的每一个学生！

（周芳）

第三章 教育叙事

梁启超在《教育家的自家园地》中写道：

诲人又是多么快活啊！自己手种一丛花卉，看着他发芽，看着他长叶，看着他含蕾，看着他开花，天天生态不同，多加一分培养工夫，便立刻有一分效验呈现。教学生正是这样，学生变化的可能性极大，你想教他怎么样，自然会怎么样，只要指一条路给他，他自然会往前跑。他跑的速率，常常出你意外，他们天真烂漫，你有多少情分到他，他自然有多少情分到你，只有加多，断无减少……别的事业，拿东西给了人便成了自己的损失；教学生绝不含有这种性质，正是老子说的："既以为人己愈有，既以与人己愈多。"越发把东西给人给得多，自己得的好处越发大，这种便宜勾当，算是被教育家占尽了。

我们虽不是教育家，但像教育家一样我们也拥有自己的学生，拥有自家的园地，拥有对教育的真挚情怀；我们没有教育家那么伟大，甚至也没有他们重要，但我们做的事很重要，那些智慧施教的过程，那些和学生共成长的点滴，那些润泽师生心灵的感动，就在我们的教育行动中，在我们的笔下，在我们的心灵深处，启发你，温暖我。

第一节　和学生共成长

我只为你画一张小卡片

2013年的12月24日平安夜，我亲手画了一张小卡片。我在卡片的背面写着：无论这个世界发生了什么事，我一定会把这张小卡片寄给你的。

卡片的收件人是一个叫罗淇予的孩子。同学们都叫他罗罗，我曾经以为这是一个十分亲昵的称呼，也罗罗长罗罗短地叫他。那天班长跑过来找到我，说："黄老师，你们东北人是不是不知道罗罗是骂人的意思呀？"我惊讶地问："难道长沙话罗罗是骂人的吗？"班长叹了口气、焦急地解释道："那就是叫猪的声音呀！啰啰啰啰啰……"我一时间乱了方向，有些摸不着头脑，但是直觉告诉我，同学们绝不仅仅是认为罗淇予同学是个小胖墩才这样形容他胖乎乎的外形的。

罗罗的故事也许要回到两年前的高一军训。军训中的21班纪律严明、队列整齐，同学们个个充满着那股精气神儿，但是班上也有一个特例，那就是队列最后一排有个小胖墩。他歪歪地带着军帽，站军姿的时候，时不时地抬头望望大太阳，偶尔叹口气或者擦一下汗，有时候还会来个稍息等自选动作，走队列的时候，更是挺着大肚子，屁股一扭一扭，还故意手脚同边摆动。教练拿他没办法，说实话，作为刚刚毕业走向工作岗位的班主任我来说，更是头痛。

军训闭幕式的那天清晨，一个叫小宇的同学气鼓鼓地跑过来说："黄老师，我早上起来，发现鞋子没了一只！"我焦急地问："这怎么可能呢？一定是谁弄错了！寝室里找了没有？"我话音未落，同学们一起簇拥过来七嘴八舌地喊着："找了，找了，把寝室都翻得底儿朝天了！""有人故意搞鬼！""这种事没办法的！""我们应该调出摄像头！""没鞋子参加闭幕式，小宇这么长时间的军训算是白练了！"……我从大家的语气中感觉到了一丝异样，便单独拉过寝室长到一旁来询问。寝室长有些迟疑地说："昨晚大家批评罗淇予练队列不认真，故意捣乱，给班级抹黑，小宇当时有些激动，还和罗淇予发生了口角。今天早上他的鞋子就没了一只……"

听到这段话，我有些震惊，理了理思路，对寝室长说："你是一寝之长，你不可以轻易地怀疑你的同学。你要做的是帮助老师来稳定集体激愤的情绪，鼓励大家集中精力把下面的闭幕式走好，我们21班只能赢不能输。"

然后，我在同学中借了一双鞋子给小宇暂时救急，说："小宇，作为老师，坦白说，我挺佩服你的，你遇事不冲动，在没有找到证据的情况下能冷静地向老师反映情况，还能以集体利益为重，克服穿他人鞋子的不舒适，忍受丢鞋子的烦闷心绪，大气地参与到最关键的集体验收，真是好样的！"

我没有立刻找罗淇予询问鞋子的情况，而是走到他的面前，帮他把歪歪的军帽戴端正，把他立起来的领子整理平整，小声对他说："孩子，黄老师刚毕业，不会带班级，到目前为止，我感觉最对不起的孩子就是你，班上57个孩子，六排八列刚好多了你一个在后边，这七天军训，你孤孤单单的，黄老师心里不是个滋味。孩子，对不起，请你接受我的道歉。"我满怀愧疚和深情地看着罗淇予，他却像是没听见一样，甚至没有抬起头看我一眼。我没有强求，只是坚定而有力地拍了拍他的肩膀。

入场式开始了。瞧！21班这支青春之师、钢铁之师，迎面走来了。队列里面的小宇，神情严肃，步伐铿锵；队尾的小胖墩更是飒爽英姿，口号响亮！21班包揽了军训所有奖项的第一名。同学们欢呼，同学们沸腾！

这时候宿舍管理员跑过来说："黄老师，我们在宿舍楼前坪的花坛里找到了这只鞋子，看看是不是这位同学的？"还没等我回过神儿来，小宇一把抢过鞋子，蹬在脚上，跳起了霹雳舞。21班的同学们都跟着跳了起来。同学们唱呀，同学们跳呀，同学们多欢乐呀！

罗淇予并没有跳舞，他一个人坐在草坪上，我兴奋地凑过去拉他和我们一起HAPPY，他用力甩开我的手，大声吼道："你别再装了！你不会对我这么好的！到最后你还是会问我鞋子是不是我拿的！"我镇定地看着他的眼睛，说："孩子，我永远不会。因为我相信你，我相信你是个好孩子。"

故事讲到这里，各位老师也许会想，是不是罗淇予从此变成了一个听话懂事、学习上进的孩子了呢？其实，我也希望是这样的，但是很遗憾，在以后两

年的日子里，他仍然是个调皮、捣乱、不受大家欢迎的孩子。而这才是大家叫他罗罗的真实原因。

自从前几天班长告诉我罗罗是呼唤猪的意思，我在班上做了一次郑重的发言——"我们班上有个小男孩，他说话声音很大，甚至可以说是刺耳；他走路声音很重，啪啪啪啪，从不管你是不是在午间休息；他上课想睡就睡，想说什么就说什么……"我看到下面的同学都回过头来向罗淇予投去谴责的目光。我接着说："可是，同学们，你们有没有发现，三年来，他从没有迟到过，从没有缺交过作业，从没有忘记做卫生。你有没有发现，高三以来，他上课从没睡过觉，他中午进教室的脚步已经放得很轻，很轻；他再也不把水杯'咚'的一声放在桌子上；他如果想要说话，就拉同学到走廊上小声地说。三年来，每一个节日，他都不忘送给黄老师一张小卡片，满满的都是他的祝福。我们总是以为他很讨厌，打扰了我们，可是我们那样称呼他，是不是在伤害他？"我说到这里，同学们都低下了头，久久地低下了头。

今年的平安夜，我亲手为罗淇予画了一张小卡片。我写着：三年的时光，波折不断，苦乐悲喜。还好！我们都没有放弃过真诚和善良。感谢时光，感谢时光里的你。我只为你画一张小卡片，祝你圣诞快乐，新年快乐！

圣诞节的那天晚上，我收到一条短信："腊梅姐，谢谢你的小卡片，一点都不丑，真好看。三年来，我做过很多很多错事，我知道您都知道，以后我不会了。您还是叫我罗罗吧，我喜欢这个名字，我爱这个班集体，我爱您。"

罗罗和21班的故事还在上演，作为刚走上工作岗位的我，也在不断反思不断成长。苏联著名教育学家马卡连柯曾经说："培养人，就是培养他对前途的希望！"而我更想说，教育是一项"守望麦田"的工作，我每天都站在麦田里，看着孩子们在奔跑，如果有孩子跑到了悬崖边上，我就把他拉回来，指引他朝着正确的方向跑去，这就是我每天的工作，我是一名教师，我爱我的学生。

（黄腊梅）

【名师点评】

"如果一个孩子生活在批评之中，他就学会了谴责；如果一个孩子生活在敌意之中，他就学会了争斗……如果一个孩子生活在友爱之中，他就学会了这世界是生活的好地方。"罗罗是幸运的，当同学们都把他当作坏孩子，连他自己都觉得自己是个坏孩子的时候，始终有一双充满理解和信任的眼睛注视着他，这双眼睛看见了罗罗内心被遮蔽的善良懂事；始终有一双温暖的大手轻轻放在他的肩膀上，这双手推着他往正确的方向一步步慢慢走。对待屡次犯错误的学生，老师不仅要处理结果，更要找出学生为什么会不断犯错，他内心的症结之处到底在哪里，然后为他创建改过自新的良好环境。这一点，黄老师为我们做出了良好的示范。

(屈检嗣)

我心中的那棵参天大树

不久前，我听到这样一个事情：临毕业，为了表达对班主任的感谢，大家提议买束鲜花，可其中有一名学生极力反对，说老师关心学生是她的本职工作，无需感谢，更何况她没有做什么让自己感动的事。当这位班主任知道了这件事时，顿时伤感起来。她没想到，那位不愿感谢的学生，正是三年来自己最为关注、最为之骄傲的优秀学生。听闻此事我也不胜唏嘘。

后来，我意外地收到了一份邮件。是我曾经的一个学生。用他自己的话说，他是被我批评、惩罚得最多，同时又让我倾注心血和关爱最多的一个"待进生"。他在信中说："雷老师，您是我遇到过的最好的老师，您的呵护和不弃让我知道了什么是爱，什么是尊重；让我学会了负责，懂得了感恩；教会了我坚强勇敢地面对生活中的种种困难，不轻易放弃。如果没有这些，今天我就考不上研究生了。所以，我很迫切地把这个消息告诉您，希望能和您一起分享。其实这也是您教育的成功。希望您能坚持自己的教育梦想，不要被当下急功近利的教育现实所同化……"说实在的，看到这封信，我心里满是感动。

在唏嘘和感动之余，联想到当今不少学校办学目的之急功近利，办学行为之心浮气躁；不少老师教育教学目光之短浅，要求之狭隘；把学生当作工具而非有生命的个体，把人当作手段而非目的；一切以分数、升学为目的，精神需求被漠视，教育变成了物化的、冷冰冰的东西。作为教育者，面对积重难返的当今教育现实，我们不得不重新去思考：今天的我们应该坚持怎样的教育？

对照自己，从教十数载，我究竟又给了这群孩子什么样的教育？

寂静的夜里，这个问题叩响了我的心门，令我感触颇多。这些日子里，我经历过初为班主任的痛楚、困惑、无奈，从而丢掉了幸福感，充满了抱怨；面对功利主义、实用主义泛滥的教育现实，也曾被裹挟在应试的洪流里身不由己，从而妄自菲薄、自我简化，想过放弃。但亲爱的孩子们，每次看见你们纯真专注充满求知渴望的眼神，看着你们一天天进步、成长，想着有那么一些生命会因为我而改变生活态度，甚至因为我而改变人生轨迹，我始终不忍。你们给我的一次次感动，让我感受到了生活其实是那么的幸福，成为了我坚持自己教育梦想的力量源泉。

我希望我的学生能学会负责，懂得感恩，不要斤斤计较于结果，应该好好体会、享受努力的过程，学会沉淀自己成长的痕迹。我希望多年以后我的学生在回首高中生活时，不至于抛出诸如暗无天日之类的断语，而是留着一份无悔、醇美、温暖的记忆。我希望你们倾向于以合作的方式来解决问题，每个人都勇于坚持、敢于言说自己合理的意见，同时并不吝惜向他人展露求同存异的宽容笑颜。我知道学生的好成绩对我而言更为现实，但是我更想给你们一些一生受用的东西。这些东西能让你们在漫长的生命旅途中时时驻足回望，能让你们有一种精神归属感，成为你们未来生命中一个不可缺少的支点，为你们提供一生的精神支撑。而这些真善美的昭示、向上的精神引领远比单纯的一个高分数低情商有意义得多。我很高兴听到你们这么说："我知道我考不上大学，不管怎样，我会孝敬父母，努力赚钱，不偷不抢，成为对社会有用的人。让别人需要我，让别人因我的存在而感到幸福。"时至今日，也许并没有实现我心中的理想，但我坚信，我一直行走在通往那个目标的路上。

爱因斯坦关于教育有过这样的经典论述："当一个人忘掉了他在学校接受的每一样东西，剩下来的才是教育。"这句话启迪着我对教育价值的思考：什么才是学生一生执守，教育者竭力为之付出的东西呢？我想，不会是题山卷海，不会是分数，甚至不会来自课堂、来自教师的所谓知识技能。其决定影响作用的是做人的良知、人格操守、人生态度——这些才是育人的本分、教育的重心。这也是教育的神圣和庄严之处。为此，一个好的教育者除了传授学生丰富的知识，还应该对学生的人格和心灵产生积极的影响。这种影响是一种精神的濡染与牵引，是一种有别于流俗，能抵御各种诱惑的精神气质。这种影响能越过漫长的岁月，还能生根发芽、开花结果。

教育是什么？教育就是寻找学生心灵最柔软的地方，在那里种上善良的、诚实的、希望的、理想的种子，沐浴风雨，长成参天大树。我想，那个最柔软的地方、那棵参天大树就是我们心中的教育梦想。

（雷雄飞）

【名师点评】

如果学生认为从老师那里习得的只有应付高考的知识和技巧，并且觉得师生关系只是一种维系在义务和金钱上的合同关系，这是学生的悲哀，更是教师的悲哀。很多时候我们会略带心酸地感叹，那些考上重点本科、出国留学的好学生不会对老师有多深厚的感情，反而是那些让我们头疼、骂过罚过的"调皮鬼们"不会落下逢年过节写满感恩的问候短信。其实，学生如何看待你，如何回忆你，取决于你对教育的理解。如果一个老师功利地看待教书和学生，那么学生一定会轻蔑地评价他。希望所有的老师都能像雷老师这样，深刻地认识到："一个好的教育者除了传授学生丰富的知识，还应该对学生的人格和心灵产生积极的影响。这种影响是一种精神的濡染与牵引，是一种有别于流俗能抵御各种诱惑的精神气质。这种影响能越过漫长的岁月，还能生根发芽、开花结果。"

（屈检嗣）

平等善待更需关注的学生

寂静山谷里的野百合，没有华丽外表，远离温室的呵护，也许从来就没有人认可或欣赏它，没有谁会给它浇水，更没有谁给它施肥。那漫天飞舞的花蝴蝶，都不愿在它的身旁做哪怕短暂的停歇。细小的叶子间只有点点的小花，赤条条地迎风霜、顶烈日、遭雨雪。但它笑迎每一束阳光、珍爱每一滴雨露、每一缕清风。它，仿佛在向人们诉说，生机就是这样的不可扼制，生命竟是这样的顽强与珍贵，用有限的生命苦苦追求无限的理想境界和光辉未来。它告诉人

们一个道理：无比困厄的环境，无以想象的艰难，无与伦比的勇气，给在红尘世俗中挣扎、跌落、失意的人们以启迪、暗示和鼓舞，生命就是拼搏，就是战胜自己、锤炼自己、升华自己。

作为班主任，我们的工作不就是帮助学生寻找这种力的过程吗？只要我们相信：野百合会有美好的春天，就能让他们拥有最美、最炫的春天！

2011年那届我带的206班有个学生叫唐桥。他是中途转进我班的，是学校有名的"捣蛋鬼"，行为习惯相当差，上课要么扰乱他人学习，要么搞小动作，再不就是睡觉；下课胡乱打闹，同学间经常闹矛盾，同学们都嫌弃他；有的同学不愿和他一小组，说他学习拖后腿了；不做作业，各门功课单元测试根本就没及格过，一出校门就如一个小混混一般出入网吧、游乐场，吸烟，在外留宿……常常让我束手无策，既头疼又无奈。于是，我找他谈话，希望他在学校遵守各项规章制度，以学习为重，自我调节，自我改进，争做一名合格的学生。但经过几次努力，他只在口头上答应，行动上却毫无改进。看到他不思进取的样子，我的心都快凉了，算了吧，或许他就是那根"不可雕的朽木"。有段时间我恨着懒得理他，他却变本加厉地闹了起来。

临近毕业学校开展了"培优辅差"工作，我把他列为重点对象。为了有针对性地做工作，我采取家校联系、相互疏通的策略，决定先深入到他家去家访，进行详细了解，然后再找对策。接待我的是其母亲。通过其母亲的介绍，我了解到，他家的经济条件在当地还不错，父母亲都忙于生意。他从一上学就开始寄宿到离家较远的一所学校，基本上一学期才回家那么几次。做父母的就只一味地在金钱上满足他，压根就没时间关心他的思想动向。时间一长久，他就养成了以金钱为中心的消极思想状况及现在的样子。

在家访后返校的路上，我内心久久不能平静，像打翻了的五味瓶。缺少爱，家庭的不完整的教育与关注，导致了他心灵世界的一片荒漠，才让他有了这样一种性格。我感觉到他需要我们给他一份特殊的关爱，于是，转化他的行动在悄然中进行。

要纠正唐桥的不良行为，首先要打开他心灵的锁。我给他准备了一本很可爱的日记本，让他每天写写自己的喜、怒、哀、乐，每天放学以后读给我听一听，学会与别人分享快乐，让别人来分担忧愁，从而找到平衡感——

有人关心我，也有人重视我。接着我又教他学会合理使用零花钱，我给他买了一个小钱夹，让他把皮夹子保存在我这里，就像定期储蓄，也可以按需提取。天气热时，我会塞给他一元钱去买冰棍；当发现他常常向同学借笔用时，我又悄悄告诉他该买支笔了……渐渐地，唐桥觉得钱够用了，为了找钱而扯的谎就少多了。

之后，我又花了大力气让唐桥习惯于天天做作业，天天做好作业。我抓住他动作快的特点，利用午间、下课的间隙，提早给他布置作业、批改作业，在全班同学面前表扬他学习效率高。碰到双休日，我又让他与好同学结对子，一起完成作业。有时唐桥作业做完了，我就借给他书看，让他不要贪多，每天看一页，每次到校讲给我听，渐渐培养他回家看书、动笔的兴趣，并慢慢巩固成一种习惯。

经过观察，我还发现他喜欢打乒乓球。打乒乓球不正是我自己的擅长吗？到了课外活动时间，我约他打乒乓球，给他讲打乒乓球的技巧，谈论目前我国乒乓球在国际上的地位，谈论"斯韦斯林"，谈论刘国梁等乒乓球健将，并提示他多参加有益的文体活动，这样对身体有好处。通过几次的接触，我与他慢慢交上了朋友。一边与他打乒乓球，一边与他交流讨论生活，进而谈论学习。不动声色地教他遵守纪律，尊敬师长，团结同学，努力学习，做一名好学生。在校园内遇到他，我会有意识地先向他问好；只要他的学习有一点进步，我就及时给予表扬、鼓励……使他处处感到老师在关心他，信赖他。他也逐渐明白了做人的道理，明确了学习的目的。

通过一期的努力，唐桥的进步是明显的，他上课开始认真起来，作业也能按时上交，与同学之间的关系也改善了，各科任老师都夸奖起他来。他的眼睛里少了一份惘然，多了一份自信；脸上不见了那种无谓的神态，增添了几许灿烂的笑容。在毕业会考时各科测试成绩都达到了及格。

著名教育家苏霍姆林斯基谈到后进生时说："这些孩子不是畸形儿。他们是人类的无限多样化的花园里最脆弱最娇嫩的花朵。"每个孩子都是可爱的花朵，有的如傲放的月季玫瑰，花香四溢，令我们喜爱；有的却如山谷里的野百合，虽然也开了，白的白，黄的黄，但是不起眼不亮丽；还有的需要等待，等待他开花的那一天。这对于班主任来说，何尝不也是一种幸福呢？在老师爱的

浇灌下，他们犹如野百合般顽强地生长着，我们有理由相信他们一定能拥有最美、最炫的春天！

（毛亿志）

【名师点评】

　　毛老师的教育故事始终洋溢着热烈的生命力。通过细致的观察、真诚的关怀与沟通、耐心的引导与等待，他将"问题学生"唐桥最终转变为了一个学习习惯良好，自信、阳光的学生。学生的生命当"拥有最美、最绚的春天"，这是毛老师的信念，也应当是每一个老师应有的信念。

（屈检嗣）

为了妈妈的爱

　　不是每一位老师初登讲台就可以登堂入室，直抵教育的真谛的。作为一个老师，必定会经历一些不成熟的教育阶段，然后，通过不断的实践，逐步发现自己的不足，让自己的教书育人工作更加的完善。下面，我想和大家分享一个发生在我们班上的真实而简单的故事。

　　在我们班上，有一个男生，成绩永远是最后一名，并且，离倒数第二名同学的差距很大。我带的是黄兴班，倒数第二名一般也就是理科排名100多名，而他则稳居年级的六百多名。一般的人，都会以为，他很内向，他很孤僻，他很自卑。但是，完全相反，他分数上虽然不如人家，但他乐观、开朗，尤其喜欢打篮球，热爱体育运动。他很少会因为分数而让自己备感压力。他告诉我，他没有瞧不起现在的自己，因为他生活在这个班上，感到很幸福。从他身上，我看得出来，生活在一个民主和谐的班集体当中，是多么的重要！

　　换作是以前的我，他的成绩这么拖后腿，首先我可能会找他谈几次话，之后会专注地去观察他的各种毛病，把他犯的各种错误全部积累起来，到了一定的时候，就让他收拾铺盖走人。其实说老实话，这个手段我用了好几年，并且屡试不爽。所以，很多人都惊讶，你修理学生真的有一套，把那些成绩不好的、不听话的，可以赶走很多。或者，我会用另一种方法，也是我以前惯用的：

如果学生成绩跟不上，而且我又看不到他的努力的话，我就会把家长一块喊过来，做思想工作，说他这样下去是多么的无用，甚至会说一些伤人自尊的话，让他觉得颜面扫地，因此自己主动转学。其实，这两种手段，都是一种暴力形式的体现，现在的我，已经很不喜欢那样做了。

或许是成长了，我没有采取以前的暴力形式，把他赶走，其实，他妈妈说过很多次，让他到平行班去，但是都被我拒绝了，因为，我舍不得让他走。首先，我观察了他半个月的样子，了解了他的个性，清楚了他的优点以及一些毛病，然后，我找了一个天气比较好的晚上，带着他去操场，一边散步一边聊天。我首先告诉他，我是你的兄长，不是你的老师，所以，我们可以坦诚交流，毫不保留。我让他分析了自己的闪光点以及一些需要改进的地方。他很高兴地告诉我，他英语学得很好，练就了一口流利的英语；很喜欢打篮球，并且打得很棒；计算机能力不错，游戏玩得特别好。之后，他的神情严肃下来了，当然我的毛病也有很多。我不想搞学习，无法沉下心来，总是满足于一知半解，课后喜欢和同学打闹什么的。然后我跟他说，我很欣赏你的优点，我会让你有机会展示你自己的才能，但是，你必须帮我戒掉你的毛病。他爽快地答应了。所以，前阵子，上公开课，英语课前有个"show time"，我就是让他完成的。不负众望，他用他流利地道的口语出色地完成了任务，当然，他也很高兴。上个月，在学生队老师的篮球赛中，我故意安排，让他成为主力，结果，他也不负众望地完成了任务。本想，我这么给他面子，他应该会表现很好的，至少，让我看得到他很努力的身影。可是，好像没有，他没有做到。

上周，段考完了之后，我又找到了他，针对他的期中考试成绩进行了分析，并且问道："老师答应了这么多的事情，你为什么无法好好地学习，实现我俩一起定的目标呢？"他告诉我说，他依旧找不到学习的动力，老是想着玩。这时，我拍拍他的肩膀，轻轻地在他耳边说："就算是为了妈妈，好吗？你妈妈今天下午在办公室找了我一下午，她在生着病呀。我被她的担心，被她的爱感动了，难道你没有吗？"（他妈妈被确诊为癌症，并且据说化疗效果不是很好。）我继续和他说道："现在，生病的妈妈，还努力地为你撑起一片天，还在没日没夜地为你担忧，你的成绩，你的表现，妈妈很是焦急。但是你想过吗，假如，有一天妈妈不在了，你怎么办？你去哪儿找一个这么爱你的妈妈呢？"这时，他已泣不成

声了。我说："孩子，别人读书是为了振兴中华，为了以后风光无限。咱们读书，就为了一个很现实的目标，为了让妈妈高兴，为了让妈妈能够安心养病，为了能够让妈妈活着能看到你考入一个了不起的大学，好吗？你爸爸妈妈、老师，对你的要求不高，上一本线就好，才400多分，有什么了不起的呢，我们一定可以的。"

当时，我一边说，一边也是泪水在眼眶里打转，我相信，这种真情的流露，能够感染到他。我还跟他说："老师不会每天找你谈话，但是，我会每天都关注你的学习状态、关注你的生活，你要学得努力，活得快乐！"当天晚上，我在他的桌子上看到了几个很显眼的字：埋头读书，抬头做人，我要考上一本！

最近，我观察到，他确实安静好多了，确实认真好多了，不懂的东西也会经常过来问我，他依然开朗，依然热爱运动，依然快乐！这就是我想要的结果。

所以，有时候想想，碰到一些后进生的时候，我们应该冷静地想想，是暴力管用，还是非暴力管用。我想，应该是非暴力才能够让孩子们更加信服！

（何正伟）

【名师点评】

什么是教育的真谛？要尊重学生的生命，遵循学生成长的规律。累计错误算总账，冷嘲热讽扫自尊，此类"暴力"行为在教育领域屡见不鲜，这实际上是教师本位的体现，是漠视或践踏学生生命的粗暴做法。正伟老师能从教育的怪圈走出来，对学生进行冷静观察，满足学生的需要，及时激发和帮助学生找到成长的动力，体现了作为一个教育者对生命的尊重与呵护，实现了自身教育理念质的变化。

（黄雅芩）

在信任中"偷懒"

这个暑假，我拜读了郑学志老师的《做一个会"偷懒"的班主任》，书里有一句话"累，一定是我们做错了什么"深深震撼了我。许多班主任老师，天天充当警察和保姆的角色，恪守"跟紧班、紧跟班"的原则，长期坚持没有多少技术含量的时间战和体力战，累却不讨好，也不快乐。

如何做一名会"偷懒"的班主任呢？

郑老师告诉我们："要绝对相信孩子，发生了事情，一切不妨推给孩子，问孩子怎么办，问他们有什么想法，这是让学生能干的最好办法。"记得我刚当班主任的时候，从暑期军训开始我就大大小小的事一个人包揽着，生怕学生做错。整天忙得汗流浃背，上蹿下跳。直到军训汇演前的两天，体育委员晶胆怯地跟我说："张老师，如果你相信我们，就让我和班长来安排军训汇演的工作吧。"看到孩子渴望与期待的眼神，我点了点头："那好，晚上在教室集中，你来分工安排。"晚上7点，我对军训期间同学们从操练、作风、卫生、军歌等方面的表现给予了高度肯定，并提出我们班要争夺各项汇演一等奖的目标，最后我说请大家热烈欢迎我们的体育委员晶和班长龙作具体安排。他们走上台来，晶先作了总动员，然后她就军歌比赛的曲目、队形作了简要说明，并推荐了指挥手。龙就拔河比赛上场人数、摄像人员、拉拉队人员和会操表演的队列、着装、鞋子作了具体安排。孩子们的安排让我大吃一惊，真正做到了各司其职、各尽其能、人人有事做、事事有人干。接下来的军训汇演果然不出我意料：拔河比赛一等奖、会操队列一等奖、军歌比赛二等奖。有了我当时对学生的信任，才激发了他们的热情，有了军训这一好的开局，我和同学之间建立起了彼此互信，学生的自主管理、团结协作意识逐步增强。

当然相信孩子不只表现为遇事就推给孩子，做一个纯粹的甩手掌柜，而是要注意遇事多和学生商量，善发现、多引领。静是一个以自我为中心、个性张扬、叛逆好强、不循常规的女孩子，时常给班级惹麻烦。记得高一校篮球赛，各班都在精心挑选队员，并组织拉拉队。班长龙站在讲台布置此项工作后，男同学就在商量出战队形，女同学就在商量拉拉队事宜，唯有静一个人在翻看着时尚杂志，漠不关心。我进去喊出了静便问她为什么不参与讨论，她张口就说："他们都是老套路，没新意。"我便追问："那你有何高见？"她支支吾吾没个所以然。"老师觉得你是想法奇特、个性鲜明的学生，定会有别出心裁的方案，你去想想，晚自习给我个初步方案。"她点了点头，然后摇着马尾辫进了教室。晚上她来到了我的办公室并提交了一份篮球宝贝的策划书。第二天德育课，静便将活动方案告知班级，全班一致通过并完善了方案。之后晶便积极地组织起了6个女生，从选歌曲、道具（花球、服装）、编排舞蹈动作一步步操作起来，成立了一个班级篮球宝贝拉拉队。接下来的班级比赛，男生奋力拼搏、女生积极加油助威，中场休息篮球宝贝表演，每场比赛我们班的比赛场地都成为了全校的焦点，最后我班以三战全胜挺进了前5名，并被评为"道德风尚奖"；并且整个过程有同学摄影剪辑成了专门的光碟。此次比赛既增强了班级凝聚力和学生自信心，同时也提高了学生的自主管理能力，拉进了我和潜能生的距离。尤其是通过这次活动，静增强了团队意识和集体荣誉感，并深知搞好管理和调度工作的不易，之后慢慢地融入了班级，成绩也逐步上升。正如郑老师所言："我们无法管死学生，那么我们就要寻找一条师生解放的道路，只有尊重学生、依靠学生、相信学生，才能达到师生成长的双赢境界。这才是管理学生的最佳途径。"

郑老师的专著里，还有许多让老师学会偷懒、让学生自主管理的好措施和好方法，我将一一学习并活用于实践，逐渐走上一条师生共同解放的道路。

（张科）

【名师点评】

做一个会"偷懒"的班主任，不是放弃教育的责任，对学生放任自流，而是站在学生终身发展的基础上，有目的地"偷懒"，有选择地"偷懒"，有技巧地"偷懒"，以此来培养学生的自主管理能力，并将班主任从繁杂的事务性工作中解放出来。

（黄雅芩）

温暖同行
——陪伴孩子一起成长

"因为爱着你的爱，因为梦着你的梦，所以悲伤着你的悲伤，幸福着你的幸福，因为路过你的路，因为苦过你的苦，所以快乐着你的快乐，追逐着你的追逐……"熟悉的旋律总能触动我心中最柔软的地方，在生命中有能够和你携手同行的存在，那是一种幸福。我们的孩子也许不能理解什么计划生育，但是他们中大多数人都知道什么是"孤单"，在成长的路上，不仅有甜，还有苦，还有酸，他们需要能共同感受成长的同行者。

三年前的夏天，我又迎来了生命中一群熟悉的陌生人。高中是学生求学生涯中的一个转折点，我希望从军训开始，孩子们就能通过自己的真实经历去感受成长、学会成长，而我就是他们身边那个"温暖的同行者"，我和孩子们用三年的时间共同记载了成长的轨迹：

我的成长报告
——M111班 蔡艺嘉

......

回忆我高中走过的这几年，印象最深的还是高一的军训。在"三伏天"最热的时候，在气温快40度的白天，我们还要在太阳底下暴晒，那时候太阳似乎都已经变成白色的了，空气厚重得伸手就可以一把抓住。而浑身上下，汗水不停地流，都快流成了河。晚上结束训练回到营房，睡觉根本就不可能，热不算，还有好多蚊虫，一个晚上似乎就是在擦汗和拍虫中度过的。但是不管怎样苦怎样累，我们还是挺过来了，当时虽然免不了抱怨，但是却没有一个人打退堂鼓，现在想起来都觉得不可思议，那时候到底是靠什么挺过来呢？

其实在生活中也一样，也有许多看似很困难的事情，我们在没做之前总认为自己做不到，于是就不想做，不去做，而事实上只要我们逼着自己去做，我们就会迸发出无限的能量。

那年夏天，我和孩子们一起接受高温的炙烤，汗水的洗礼。我用语言和行动告诉他们，任何事情，只要坚持都可以做到。这真实的体验，比我的课堂更精彩；这朴实的文字，比我的说教更动人心弦！

结束军训，我们迎来了更为严峻的考验：

我的成长报告
——M111班 黄曦榕

......

还记得两年前，每天踏着厚重灰尘的路，顶着30多度的毒日头，奔波在教室与寝室之间。在学校里每日甩着奋斗的汗水，而随着一路"灰霾"回到我们第二个家时，却面临的是停水、停电，甚至同学之间的纠纷……每次看到校门前有公交车路过，我都有冲上去的冲动，每个星期五回到家，我便会与妈妈吵架、抱怨、哭泣。而如今，学校的设施已经彻底完善，对寝室的管理制度也已经习惯，同学间也没有了那时特有的情绪，个个如同亲人……现在想起来，都觉得不可思议。

　　作为进驻职教城的第一批学生，学生们面临了许多问题：大部分的学生第一次离开父母温暖的臂弯，开始学习独立，当时天气炎热，可宿舍、校舍中时常停水停电，条件比较艰苦。学校要求我们班主任老师每天早晚必须和学生同进同出，我在晨曦与星夜中奔波在城市的南北两端，在痛并快乐中，目睹着这群在困境中的孩子飞速地成长。虽然他们哭过、闹过，但是开拓与乐观的精神让孩子们坚持下来了。夹杂着汗水和泪水，他们凭借自己的创意和梦想，亲手打造了属于自己的精彩天地。我用相机记录了他们不为家长所知的另一面……

　　时光不会为任何人停下脚步，不管你愿不愿意长大，三年时间里孩子们用心感受着自己在成长路上一个又一个的考验，我心甚慰！尤其是那场"失败了的篮球赛"让我印象深刻：

我的成长报告

——M111班　杨伍斯特

　　像个孩子一样期待比赛，像个男人一样输掉比赛。我不后悔，因为有你们的泪水和鼓励；我不后悔，因为有你们的微笑和坚持。

——题记

　　锣声一响，观众席上沸腾了，看着113班上上下下狂喜的样子，那一刻，我太受伤了。何劲涛那不屈的怒吼，响彻校园；女孩们伤心的哭泣，让我心碎。我很自责，我们输了！但在他们歇斯底里的呐喊声中，在她们动情的哭泣声里，我却敢说这是有史以来最团结的111，最强大的111，一个用失败所检验出的最真实的111。那一刻，我很高兴，我很庆幸我在111……

　　我们班是个典型的"阴盛阳衰"的班级，13个男生撑起了班上的"半边天"。在高二篮球赛中，我们篮球队只有五名正式队员，没有替补，他们一路过关斩将杀进了决赛，在我看来这已经是一个奇迹。决赛前，我们没有拿冠军的把握，拟定的是"不抛弃、不放弃、尽全力、不后悔"的作战思路。场上的男子汉们咬着牙拼杀在赛场上，体力透支到了极点，但是场外一浪高过一浪的呐喊声不断地推着他们朝前跑，队员们死死咬住得分，一次又一次把比分追平，直到比赛临近结束……全班同学的情绪高涨到了极点，因为距离冠军就只有那么一点点的距离，最后一投，只要最后一投，我们就可以反超夺冠，年青人渴望成功的激情被引爆了。在众人的瞩目中，篮球落了了杨伍斯特的手上，可就在他准备上篮的那一霎那，裁判无情地吹响了结束比赛的哨声……

球场上经历了短暂的安静之后，欢呼声、哭泣声夹杂一片。我带学生参加球赛不是第一次，赢的有，输的也有，但是却没有一场球赛这样牵动我，学生们的激动是意料中的，作为班主任的我应该是最后也是最冷静的"场面控"，看着几近虚脱的男孩们，看着伤心哭泣的女孩们，我第一次忍不住和学生们一起"泪奔"了。我们每一个人的内心都渴望成功，尤其已经近在咫尺的成功，就这样飞走了，如何叫人不心伤。我们尽情品味着失败带来的打击，但是通过这次失败的篮球赛，学生们学会了成长中重要一课"学会面对失败"。2013年高考，杨伍斯特与清华大学失之交臂……能面对失败的人肯定不是一个失败者。

时光的河终将入海流，每到凤凰花开的时节，时光机就会将片片回忆慢慢回放：

（毕业手册）朱老师，真的很难忘您陪我们走过的第一年夏天，四十多度的高温，混着滚烫咸湿的汗水，我们一起走过，那是属于我们共同的回忆……

看着写满回忆的毕业手册，我想起了张文亮的《牵一只蜗牛去散步》中一段文字：

上帝给我一个任务，叫我牵一只蜗牛去散步。

……

真奇怪，为什么上帝要我牵一只蜗牛去散步？

「上帝啊！为什么？」天上一片安静。

「唉！也许上帝去抓蜗牛了！」好吧！松手吧！

反正上帝不管了，我还管什么？

任蜗牛往前爬，我在后面生闷气。

咦？我闻到花香，原来这边有个花园。

我感到微风吹来，原来夜里的风这么温柔。

慢着！我听到鸟声，我听到虫鸣，

我看到满天的星斗多亮丽。咦？

以前怎么没有这些体会？我忽然想起来，

莫非是我弄错了！原来上帝是叫蜗牛牵我去散步。

我愿意成为蜗牛那"温暖的同行者"。

（朱彩霞）

【名师点评】

　　彩霞老师的文字读起来让人感觉很温暖，因为她内心充满爱意，充盈着一种教育的情怀。孩子们能在求学生涯中遇到"温暖的同行者"，能适时得到老师的陪伴和引领，困难时给予勇气，成功后给予激励，失败了给予安慰，成长一定会更顺利。而当教师领悟了"牵蜗牛去散步"的真谛，才能真正体会到和孩子们一起成长的快乐！

（黄雅芩）

第二节　润泽师生心灵

树　宝

树宝是我们学校按摩培训班毕业的学生。

第一次知道他，是在学校元旦文艺汇演时。绚丽的舞台上，几个盲生表演音乐剧，后排的两个大男孩轻轻地拨动吉他，前排的两个穿着白色蕾丝裙的女生低吟浅唱，清新淡雅的曲调和歌词就那么不经意地触动了我心中的那根弦。我和身边的同事聊天，说这歌真好听，同事说这首歌叫《蜜蜜的一天》，是我们学校的学生树宝写的。树宝，真是个有才华的孩子，我记下了他的名字。

元旦假期后，感觉右肩时不时地有些疼，摸上去有个肿块，于是我趁中午休息时间去按摩，走到按摩实习基地，前来接待我的正是树宝。

他让我先走进开了空调的按摩室，不一会儿，他换上了白大褂，抬起双臂缓缓地也走了进来。他让我坐在板凳上，开始帮我放松颈椎和肩膀，我们也就聊起天来。

树宝微微地仰着头，闭着眼，对我娓娓道来。

树宝说：我从小就眼睛不好，不过小时候有一只眼睛能看到一点光，还能分辨颜色。记得一年级刚开始学盲文时，我最怕的是找不到扎盲文点的钻子，经常会一下子就不知道放在哪儿了，摸来摸去的半天也找不着，好不容易碰到了，结果因为手扫得太快，一下子又弹开老远的，所以，我宁愿用牙签代替钻子去扎盲文点。等我到了十岁时，不知怎么地就忽然一点光感都没有了，好像永远不会天亮了一样。我当时心里特别害怕，脑子里一片迷茫，总是不知道自己身边的环境是怎样的，不知道自己将遭遇到什么未知的危险。可是，每当妈妈问我感觉怎么样，我怕她伤心，我都说，没什么，没什么。我的哥哥还说要把他的一只眼睛给我，因为亲兄弟配型很容易成功。可是，我拒绝了。我一个人难过就够了，没必要让哥哥也跟着难过。何况，这样的手术也不一定都会成功，家里并不宽裕，何必去浪费钱呢。

话题有点沉重，我不知该怎么安慰他，静默了一会。

树宝又说：我们班有个同学，他原来一直是个健全的孩子，到十五岁，一场车祸让他双目失明，于是他爸爸妈妈把他送到我们学校，正好就在我们班。他还蛮乐观的，在大家面前有说有笑，似乎把一切看得很开，大家也都挺喜欢他的。只是，他和我单独在一起的时候，他才会说他心里其实是特别难过的。是啊，这么残酷的事实，有几个人能坦然接受呢？后来，他的爸爸妈妈接他去外地动手术，说是能让他重见光明。临走前，他跟我说，如果他的眼睛有幸能治好，那么，失明的这一年是他人生中最快乐的一年，也将是他人生的一大笔财富。

树宝说，没有客人的时候，其实挺无聊的，一个人出去玩不方便，时间也不够。

树宝说他是南宁人，于是我问他，毕业了怎么不回家乡去呢？和爸爸妈妈住在一起，他们可以照顾你呀。树宝说，我要努力赚钱，就在这儿，将来用自己挣的钱买大的房子，再接爸爸妈妈过来。

连续按摩了一个多星期，感觉肩颈的肿块逐渐消散了，树宝也跟我慢慢聊熟了。他说，黄老师，我上午都不用上班的，我可以到你办公室去免费帮你做按摩。我说，没关系没关系，我中午来找你就是了。

……

晚饭后，我一个人出门去买点东西。关上家门，才想起楼道的灯泡坏了，灯是不亮的，周围漆黑一片。我摸索着走到楼梯前，莫名地有点不安，我不确定自己下一秒会不会碰到什么奇怪的东西，想快点脱离这样的环境，却又不敢大步走。也就是在那一刹那，脑子里电光石火地想起了树宝和他的同学们。这些看不见的孩子们，时时刻刻都在摸索前行，他们心里的慌乱一定胜过我此刻，而他们的豁达、从容却是我望尘莫及的。想到这里，在黑暗的过道里，我缓缓地叹了一口气，两滴眼泪顺着脸颊掉到了地上，树宝，但愿你一切都好，但愿你能拥有蜜蜜的每一天。

（黄燕）

"一花一世界，一树一菩提"。每一个孩子都是独一无二的个体，每一个孩子都有独一无二的光芒。走近他们，了解他们，欣赏他们，感受他们的喜怒哀乐，当老师和学生产生"共情"时，教育就进入了一个美好的境界！

（黄雅芩）

润物无声入心田

每个学生都是一个世界，而每一颗心灵都是一扇门。当给学生做思想工作时，老师莫能"霸王上弓"，而应当送满爱意、和风、细雨，寻找通往那个"世界"的途径，耐心寻找能打开那扇心灵大门的钥匙。我悟出的这番道理缘于小杰。

小杰是个谁靠近谁就头痛的孩子。元旦那天，一早我就看到了小杰23点58分给我的留言：守到现在，就是为了跟您说一声：新年快乐！想着以前桀骜不驯的他，现在居然能发这么样一条短信，感性的我湿了双眼。

记得在开学初的一节习题课上，我边讲习题，边在行间走动，检查学生是否作好了笔记。当走到小杰身边时，发现他只字未写，我轻拍着他的头说："你怎么没动一下笔啊？"话还未说完，岂料他用力地打掉我的手，大吼道："我最恨别人碰我的头啦！"我一下子就懵了，感觉自己的师颜尽失，感觉自己的一切努力都是白费。想当初，他鞋子湿了的时候，是我亲自用电吹风给他吹干的；中暑的时候是我亲自给他刮的痧；有次，他捅了个大娄子，他爸用皮带抽他时，还是我为他挡住的。地道的白眼狼一只，我真是气不打一处出。我快速地朝讲台走去，并异常气愤地咆哮道："恨吧！我最恨你坐在教室里像尊菩萨一样；我最恨你三天两头地被科任老师叫到办公室去了；我最恨你一个处分未消而另一个又接踵而至！"

"恨吧！"小杰狠狠地回了我一句。

此时下课铃声响起，我还没来得及宣布下课，岂知，小杰抱着他的篮球，大步走向后门，摔门离去，留给我们的是阵阵错愕……

　　晚上，我一个人静静地坐在床上，白天与小杰之间的那一波，如同放电影般在脑海中一幕一幕浮现，课堂上的我已经彻底地将不满和愤怒明显地表现出来了，当时，我其实该冷静的，不是吗？我太理所当然地认为老师与学生相处时要处于胜利的地位了，然而我却深深地伤害了他。我这哪里是教育，简直是摧残。教育的源泉应该是"师爱"。爱是老师与学生情感联系的纽带。作为老师的我，应该以爱为出发点，好好地爱我的每一个学生。记得马卡连柯曾说过："爱是教育的基础，没有爱就没有教育。"我一定要好好地爱小杰，爱我的每一个学生。

　　第二天，我诚恳地向他承认了我的过错，坦诚地谈了我当时的想法和希望，可他不再与我进行任何的交流了，连我看他时，他的目光都躲躲闪闪的。但我相信，假以时日，我一定能用我的爱融化这块坚冰的。

　　在此后的日子里，我一直不忘去关注他，课内，常给予他激励的目光；课后，关心他的生活细节，让他时时感受到老师心中有他：记得上次大课间时，见着他鞋带散了，我默默地蹲下身子，给他系上，当我抬起头时，小杰腼腆地冲我笑了；周一升旗时，见他的衣帽不整，我悄悄地走到他的身后，为他摆弄好，小杰回过头冲我做了个鬼脸；还有一次，课间玩游戏的时候，他突然冒出一句粗话，我偷偷地把他拉到无人的地方，和他细说：小杰啊，你骂粗话时，本意有可能是随口说说，又或是想伤一伤对方，你有没有仔细想过，真正伤着的是你自己，一是生气伤了你自己的身体，二是伤了你与别人之间的感情，三是使得你自己在人们心中的好形象大打折扣，你觉得亏不亏……慢慢地，我们的目光有了交集，与他碰面时，他的笑意是越来越浓了。

　　最大的转变缘于那次受伤事件。上周，他在走廊上玩耍时，一不小心，手被门边的锈铁皮割破了，我帮他清洗伤口并包扎好。当我站起身时，我发现他眼里噙满了泪水，眼巴巴地看着我，似乎想说什么，我一把将他揽在怀里，他竟号啕大哭，哽咽地说："李老师，你对我太好了，还从来没有老师对我这么好过。如果我再不转变，我太对不起您了，相信我，我会变好的！"

　　他终于向我敞开了心门，我也默默地承诺：我要用我的爱去滋润每一个学生的心田。正如近代教育家夏丏尊说的："教育之不能没有爱，犹如池塘之不能没有水；没有爱就没有教育。"我定要让我的每个孩子都在爱的氛围中快乐成长。我也坚信：待到山花烂漫时，我在丛中笑……

（李红波）

【名师点评】

　　爱学生是班主任必须具备的素质，是进行有效教育的前提和基础。但是，在现实生活中，很多班主任如同李老师一样，知道要"爱"学生，也明明觉得自己真的很"爱"学生，却不一定能得到学生的理解和认可。怎么办？师生冲突后，李老师没有怨怪学生，而是"站在儿童的视角"去反思自我，诚恳道歉、耐心等待、给予尊重、适时帮助，终于打开了孩子的心门，给予孩子需要的"爱"，教师也收获了孩子最纯真的祝福。

（黄雅芩）

感恩就在这一秒

　　这一年，我和我的C002班紧紧联系在一起，这群脱离小学、远离父母的孩子成了我的"孩子"。他们有00后和"421"家庭子女的通病，以自我为中心的自私心理尤为突出。为此，我总是苦口婆心地教导他们要学会尊重与感激他人，时时提醒，但效果不明显。暑假时，接到一位父亲的电话，说小点在家与他们大吵大闹，抱怨他们不应该把她送到长沙来读书，抱怨他们不应该把她生下来，她一辈子都恨他们。在他急促的话语中，我感受到一位全身心地爱着女儿的父亲的焦躁。

　　一次偶然的机会我看到了纪录片《邝丹的秘密》。主人公邝丹是深圳市的一位中学生，这一家三口来自四川农村，在深圳，他们与6户人家同居一个三居室，父亲是顶梁柱。在她即将离开深圳的一次主题班会上，她终于勇敢披露了隐瞒已久的"秘密"：他的爸爸是街边自行车修理工。以前，她为了自己的"面子"和自尊，隐瞒了这个实情，后来，她看到了爸爸的辛苦和为家庭承担的责任，敬佩和骄傲油然而生！将"秘密"公开，将感激和尊重宣泄于"字里行间"！

　　班会课上，我和孩子们分享了《邝丹的秘密》以及与家长的聊天记录。在泪眼婆娑中，小点写下了这样的文字：

"曾经那个不轻易犯错误的女孩在哪里？自己真的该懂事了，不能让父母再这样为我操心下去，看了聊天记录后的我也明白了爸爸在我身上所用的心血，他无时无刻不担心着我，曾经那些幼稚的行为、叛逆的思想必须随着时间的消逝而慢慢地掩埋掉。"

"以前，我不懂什么叫父爱、母爱，我只知道爸妈回家心中暖暖的，到了小学，爸妈回来带我，我高兴了一阵子。现在，我知道爱是不断地关心。早餐中的美味鸡蛋，就是充满了爱。"

"爸爸，对我们来说，是经常称呼的，我们面对父亲总会说出这两个字。尛丹对尛父尊重，才有一声爸爸。而有的时候，我忤逆父亲，对他大嚷大叫，甚至直呼大名，恶语相对，叛逆，这些有关青春的刺在我身上接二连三地长出。我从来不在意他的感受，以为只有放任才是对我的爱，然后得寸进尺。人呐，真的是没有良心的动物，只知道在意自己和与自己毫无关联的美好物种，而赐予我们生命，与我们有血肉之亲的双亲却被放在最低的位置，低至尘埃。每当对彭老师的怨无处散发时就会对着他们撒泼，他们也悄无声息地吞下。换一个位置，你愿意做一个被伤害的倾听者吗？

我也开始体谅父母，开始拔掉身上锋利的刺，只是留下的伤痕需要时光来沉淀，来抚慰，而在这段时间里，我会累积更多的世事经验来适应这个喧嚣嘈杂的世界，然后在置身于人海中，成为大千世界中平凡的存在。"

自那以后，我默默观察着她的变化：逐渐懂得了父母和老师的苦口婆心，从以自我为中心到为他人考虑，从无所谓到内心牵绊，从叛逆到乖巧懂事，从耍酷走向成熟，也懂得珍惜许多人和事，她在渐渐长大，从家长反馈过来的信息中，我再也看不到"顶撞"、"撒气"、"抱怨"这类词汇，更多的是孩子的"懂事"、"礼貌"、"尊重"……我知道，她成长了！

"感恩"是一种生活态度，是一种品德，所以，每个人都应该学会"感恩"，这对于现在的孩子来说尤为重要。因为，现在的孩子都是家庭的中心，他们只知有自己，不知爱别人。所以，要让他们学会"感恩"，其实就是让他们学会懂得尊重他人，对他人的帮助时时怀有感激之心。感恩教育不应该是一种说教，而是让孩子们懂得每个人都在享受着别人的付出给自己带来的快乐生活。当他们感谢他人的善行时，第一反应常常是今后自己也应该这样做，这就给他们一种行为上的暗示，让他们知道怎么去爱别人、帮助别人。

一段短片，一篇短文，一个故事……常常在我们精心的"准备"中，带给孩子视觉上的冲击、听觉上的享受、思想上的震撼，他们在"享受"中反思，在"润泽"中成长！

（彭文丰）

【名师点评】

青春期的孩子把任性当做个性，把叛逆当做标签，好像不这样就会泯然众人矣，失去自己。但在这样做的同时，他们并没有感到快乐，在瞬间的痛快之后是被良心折磨的持续的内疚和痛苦。而"面子"又让他们拉不下脸来道歉，"长大了"的自我认识也让他们无法像小时候一样撒娇讨好父母，慢慢地，变成了一只倔强的愤怒的沉默的"刺猬"。这个时候，需要教师的智慧，例如本文中彭老师采取的是侧面出击的策略。他并没有直接找小点谈话，而是播放了与她的经历相似的一段纪录片，这种冲击比老师的教导更大更持久，因为这是小点自己从内心里的反省，而不是在老师的眼光下被迫低头。很多时候，教育并不需要老师自己多开口，在文化的润泽中，孩子的心灵会慢慢地成长。

（屈检嗣）

痛并快乐着
——与青在一起的日子

在我的记忆深处，有一段毕生难忘的教育经历，犹如珠蚌孕珠，成功与快乐的背后有着艰辛的付出和长久的隐痛。

记得青入学第一天便给我留下了不爽的印象，明明自己迟到了，却还为坐别人选剩的后排座位而生气。由于这种先入为主的感觉，再加之随着时间的推移，青身上日渐暴露出来的纪律散漫、作业拖拉、成绩垫底的问题，我自然把他划入问题学生一类，认定他以后肯定会给我惹麻烦。

　　果然，有一天早自习，我刚进教室，敏就哭丧着脸告诉我，放在寝室里的三百多元钱今天早上不翼而飞了，那可是他一个月的生活费啊。敏还悄悄地说青昨晚没上晚自习，请了病假在寝室休息。班长也证实了青昨晚的确留在寝室了。

　　我怒气冲冲地找到青，把我自认为缜密的逻辑推理向青劈头盖脸地宣泄出来，外加满脸的鄙夷和不屑。无论青如何辩解，我都置若罔闻，认为他只不过是借口脱责。青看出了我的态度，后来干脆闭口不言了。这样僵持了几天，青原来眼中尚存的一丝怯怯的眼神完全变得玩世不恭，甚至桀骜不驯了。

　　英国著名的政治哲学家托马斯·霍布斯说过："人每违背一次理智，就会受到理智的一次惩罚。"古希腊哲学家也说过："有理智的教育和培养能带来益处，而失去理智则带来危害。"

　　三天后，敏同学的生活费找到了，原来他自己把钱夹到书本里，可事后忘了。真相大白，是我错怪了青。我真后悔当初的武断，没有听青解释，没有冷静分析。想起青当时无助而又不屈的眼神，我陷入了深深的内疚和自责之中。可这有用吗？我以前重视过这个学生吗？我叩问自己。

　　我决定尝试着去改变青，为自己这一次的过错，更为一位教育工作者的责任。

　　第二天，我找青谈话。青的脸上写满了"无所谓"，一进办公室，我就从他脸上读出了"你的错已酿成，现在说什么都无济于事"的心思。但我还是诚恳地向他道了歉，说："我没有奢望你一定会原谅老师，但我得对自己犯的错买单，所以我必须正式向你道歉，是老师错怪了你。"青没有说什么，转身离开了办公室，转身的一瞬间，我分明看到了青满含委屈的泪光。正是我的"但我得对自己犯的错买单"这句话对当时的他震撼很大，促使他开始正视自身的问题，这是他后来告诉我的。

　　以后的日子，我特地安排成绩好且又会做思想工作的班干部阳接近他，与他同进同出，成为朋友，正面引导他。上课前，阳会适时地拉着青快跑几步，避免迟到；课堂上青懈怠的时候，阳会提醒他认真听课；课后，阳与青一道做题，会耐心地给他讲解难题。虽然青也偶有反复，但在阳和我的督促下，渐渐脱离了原来的习气。我在表扬阳勤奋学习、热心助人的时候，也有意无意地提到青的改变和进步。因为我知道青和我还有芥蒂，还不是很接纳我，我不能急于求成，只能侧面给他以关注和赞赏。

第三次月考总结那天，正好是青的生日，也是我和青之间感情解冻的转折点。这一次，青的成绩进步到班上前30名，我在班上郑重地表扬了他，表扬他在误解面前，没有一蹶不振，没有消沉放弃，反而有了较大的进步，无论是思想表现还是学习成绩，都让人刮目相看。最后我说，今天是青的生日，青的成绩和进步是青送给自己的最好礼物，让我们一起唱响生日快乐歌，作为对青的奖赏。在同学们的歌声中，我发现青在悄悄地抹眼泪。

教育需要契机，看来时机成熟了。一个晴好的下午，我与青作了一次认真的长谈。由于有了前一段时间的铺垫，这次谈话轻松多了。我说："以前老师对你关心不够，工作方法欠妥，给你带来了困扰和伤害，但老师并没有恶意，只是有点急于求成，希望你不要太在意。最近，你的进步，老师看在眼里，真为你高兴。以后，我也会尽力改进我的工作方法。我真诚地希望我们能够共同进步，共同成长，可以吗？"青点了点头，说："老师，不能全怪您，其实我自身也有问题。我现在成绩不好，还来得及吗？"我说："当然来得及，只要你有信心。"于是，我和他一起分析了他各科的现状，共同确定了下一阶段的学习目标，为他量身定作了针对性的提高计划。我发现，青其实还是挺聪敏的，考虑问题也比较全面，只是原来我没有仔细挖掘他身上的闪光点。毕竟璞玉也是需要雕琢的。

在有条不紊地实施我们共同拟定的计划的过程中，青对学习的兴趣越来越浓，成绩也不断攀升，表现越来越优秀，最后在2011年的高考中被华中科技大学录取。我由衷地为青的成长和进步而欣喜。

拿到录取通知书的那天，青对我说："老师，感谢您没有放弃我，才有了今天的青，您要阳帮助我，我早就看出来了，只是我那时对您还有意见，加之我不善言辞，所以一直把话埋在心底。今天，我衷心地表达对您的感激之情，因为我的成长离不开您的帮助和鼓励。谢谢您，老师！"

是啊，青的成长有我的一份功劳。可我又何尝不是在成长呢？对青最初的态度，到对丢钱事件的简单粗暴处理，无疑成为我教育工作的败笔、伤疤。青的成长不也就见证了我的工作方式的转变，见证了我教育艺术和教育智慧的成长吗？

与青在一起的日子，无论是成功的经验，还是失败的教训，都是我教育生涯中宝贵的财富。

与青在一起的日子，我们共同成长，痛并快乐着。

（翟芳华）

【名师点评】

翟老师真诚地面对自己教育工作中的错误，勇敢、智慧地抓住教育的契机，让"问题学生"青慢慢成长为自尊、自信、自强的人，进而点亮了他人生的希望之光。教育是生命和生命的对话，在真诚、温暖、智慧的对话中，师生的生命都会走向更开阔、光明的天地。

（屈检嗣）

一米阳光

"爱的教育"，一个简单却又温暖的口号，如我看到的冬日阳光，淡淡的，美丽的，金色的，沐浴在这样的阳光里，心里感到轻轻的触动……

午自习我照例走进教室，教室里还像以往那样安静，当我微笑着注视我的学生时，愕然发现两个孩子正为一团废纸在暗暗较劲呢，纸团像皮球一样一会儿踢过来，一会儿踢过去，两个人好像谁也不肯罢休，谁也不肯示弱，蓦然看到我站在他们面前，眼神中有一份胆怯，旋即都为自己申辩——"这纸是他丢的，不是我的！"……我什么也没说，只是弯下腰捡起废纸，朝他们笑笑，并把它们扔进垃圾桶里，两位同学不好意思地低下了头。没有说教，没有指责，简简单单的一个动作胜于"高谈阔论"！望着可爱的孩子，心里盛满了盈盈的快乐。

查晚就寝时，我看到了这样一幕，一学生感冒了要借开水瓶打开水，而另一学生坚决不借，两人发生了争执，互不相让，差不多要开战了。幸好我到了，否则真的会打架。问其原因，是感冒了的学生之前也没有和他分享过东西，平时有一点小气。我先从别的学生处借开水给感冒了的学生，等他们平静下来再找他们聊聊时，他们已认识到自己的不足，互相向对方认错。没有交流，就没有情感，没有情感，就没有教育，我在学生的笑容里找到了心灵的自由！

又是他，也许是疲惫，也许是不耐烦，也许是对他失去了信心，因为他上课看小说不知多少次了，我甩出了难听的话"你，给我——（滚回家！）"最后三个冷冰冰的字硬是给我咬住了，换成"好好反思反思"，因为我上课时，他又沉醉在《哈利波特》的魔界中不能自拔……而且一而再，再而三地犯错，无视我的宽容、我的暗示。沉默半刻的我调侃地说："唉——只怪那本书，它实在太吸引人了。"……就在那天晚上，他特意走到我身边，亲昵地说了声"老师，对不起！"……因为老师真诚的语言、温和的表情、期待的目光、宽容的态度，如一缕阳光照射进了学生的心田。

学生的自尊心，好像早晨阳光下玫瑰花上的露珠，露珠掉到地上就再也捡不起来了。抬头再看窗外暖暖的冬日，一米阳光掠过我的心上，我真的觉得从未有过的温暖，从未有过的快乐，一种"豁然开朗"之感溢满我的胸膛！

（郭胜清）

【名师点评】

爱的教育，尊重是前提，身教是途径，促进学生成长是目标。胜清老师细心呵护着学生的自尊心，用行动告诉孩子们该做什么，用温暖的语言告诉孩子们人与人该如何相处和交流。教育中有爱，学生的生命就有了阳光。

（黄雅芩）

策马前行多珍重，丹桂香时再相逢
——送别海南学子

今天中午，在我们年级就读的11位海南学生就要回到他们大海边的故乡了。

昨晚，黄兴班全体师生在五楼教工之家举行送别晚会。观看晚会的过程中，我的心情极为复杂，既为他们就要回到家乡可以再次享受到父母的爱抚照顾而高兴，又为与朝夕相处了两年之久的可爱的学生就要分别而不舍。晚会最末，全体学生大声呼喊我唱歌，我拒绝了，伤感充盈了我的整个身心，我怕我实在唱不下去。我说，"今夜，我们流泪，不是忧伤，而是歌唱；今夜，我们离别，不是舍弃，而是珍藏。"

教育不仅是引导，还有陪伴。在六百多个日子里，我们早已建立了深厚的师生情谊。内心里，我不仅把他们当成了自己的学生，也当成了自己的孩子。每逢节假日，别的学生都回家了，只有这几个来自天涯海角的孩子回不了家，我牵挂他们，有时会把他们接到我家玩，有时给他们送点节日食品，如粽子、元宵什么的。孩子们挺懂事的，每次回海南总会给我带点椰子和糖果，过年过节时也常常发信息给我。

今天，面临分别，我的心中空落落的。早自习时，我独自在走廊外徘徊。秀梅眼睛红红地走过来，递给我一个大而厚实的信封，说道："黄老师，我们就要走了，您等我们走了后再拆开看，好吗？"

我知道秀梅这样说的原因是怕我看了更伤感。离别的时刻到了，挥手送别了这一群重情重义的孩子，我赶紧拆开信封，原来是他们写给我的信件，每人一封，共7封。读着读着，我泪眼婆娑……

钟冠毅："黄老师，在茫茫人海中能遇见您，真是人生中莫大的荣幸。记得我刚来明德时，感到有些不适应，听不惯老师说的话，吃不惯湖南口味的饭菜，也赶不上这里的学习节奏。幸亏有老师您。正是因为您每天为我们排忧解难，我们才能顺利地度过这个调整期。我不会忘记老师您对我的谆谆教诲，不会忘记老师对我无微不至的关怀，不会忘记老师和我们道别时眼里含着的泪水……"

——冠毅，其实老师又怎能忘记你节日的问候，怎能忘记你带给我的两个大椰子，怎能忘记你阳光灿烂的笑脸？

何益信："黄老师，您还记得寒冬之夜您前来查寝，见我有一床棉絮没有被套，第二天您就送给我的那床被套吗？我不打算还给您了，我会一直将它带到海南。因为看到它我就能想起您，想起我曾经拥有过这么一位热心且给予我无限温暖的好老师。虽然高二我没能分在您班上，但在今晚，您在发言中仍提起我，提起我的眩晕症，提起我的运动会比赛成绩……我真的很感动。"

——益信，淳朴坚强的男孩，我永远记得你是班上的体育委员，是那个在全校课间操的领操员，是那个患有眩晕症军训却未曾请过一天假的男孩，是那个勇夺3000米长跑第二名的健将，是那个写得一手好隶书每天书写课表的热心男生。那床被套，是一位母亲的心意，你愿意领受这份心意，我很开心。希望你一辈子都要爱惜自己的身体，因为一个人倘若失去了健康，一切奋斗都将失去意义。

陈燕燕："人世间的一切都讲究缘分。因为缘分，我有幸成为黄老师的学生，但这缘分又似乎太浅了。高二的分班让我不能在您门下继续学习，但是每次见面时的点头微笑，每次眼神之间的交流，我都觉得很开心、很感动、很欣慰。"

王秀梅："因为有你，我明白了散漫的危害；因为有你，我爱上了魅力无穷的语文学习；因为有你，我们不再孤单……"

——秀梅，燕燕，你们都是我的生活委员，因为有你们，我不用早起晚睡开关教室大门；因为有你们，班上的同学的生活补助每月能按时拿到；因为有你们，我不用操心买奖品，不用管理班费的收支；因为有你们，每个周末我可以安心在家休息，而你们可以把留宿生的自习管得安安静静。其实，该说感谢的，是我。

薛良江："其实从高一开始，我就认识您了，但一直到高二，你当我的班主任后，我才知道你的年龄，我一直以为你是我们的大姐姐呢。现在感觉，您细腻、亲切，真的很像我的妈妈，您也很能理解我们，只是这一年来，青春期的我有些叛逆，很多时候不听您的话，希望您能原谅我。我不会忘记您，我的青春印记里留下了您，您将沉淀为我心灵的底片，一生难忘。"

——良江，你这个聪明机灵而又有些许调皮的男孩，其实我从来没有觉得你"不听话"，你有些偏科，不喜欢文科，有些作业不愿做，但你的理科成绩特别棒。今天早晨，看到你默默地坐在教室、默默地收拾着书本，我的眼泪不由滑落，临走时，你对我说"老师，拥抱一下"，说这话时，我看到了你眼里闪烁的泪花。离别，似乎让你在一夜间长大，这样的告别令我无限感伤。

还有活泼的庆玑、勤勉的丽英，因为你们的离去，教室里显得空荡了许多，尤其是庆玑，开朗的你喜欢在教室里大声说笑，我曾经说希望你能安静一些，静下心来好好学习，可今天，看到你空空的桌椅，我是多么希望时光可以倒流，多么希望再听到你用高频率的海南普通话回答问题呵！

策马前行多珍重，丹桂香时再相逢。亲爱的孩子们，眺望你们离去的方向，我在心里默默祝福：一路走好，静候佳音！高考之后，再聚明德！

2012年5月23日晚11点

后记：2013年的高考早已尘埃落定，非常欣慰于海南孩子们的捷报频传。11位在明德就读两年的学生齐齐考上了一本院校，而且都是一流名校。他们中有的考上清华大学、浙江大学，有的考上南京大学，有的考上西安交大、上海交大等。上学之前，他们到长沙来看我，可惜那天我正好回老家了。然而，那份做教师的强烈的幸福感却已充盈我心。

（黄金萍）

【名师点评】

师生相逢亦是缘。耐心陪伴、细心呵护、随时点拨、及时鼓励，是为师者"惜缘"的表现，能领会苦心、懂得感恩、用心汲取，并真情表达，是为生者"惜缘"的表现，两者相辅相成，共同奏响了一曲爱的乐章。

（黄雅芩）

从你身上，我能看到自己

迎着初夏清晨的和风，拎着一大袋苹果的我，特地比平时提早半个多小时赶到教室。黑板擦得一尘不染，上面用彩色粉笔写着"欢迎爸爸妈妈"几个大字，课桌椅已经全都被移到旁边整齐地摆放着，腾出教室中间的位置。正在空地上排练的，一边是甜甜的独舞，这个个子小小的姑娘舞动出了从容不迫的气度，另一边则是述凯负责编排的小品，看那个架势，已经比昨晚要熟练多了，看来这些小家伙们还是挺上心的。我不想打扰他们，悄悄地找个角落的位置坐下，把苹果递给一旁的小胖，让他拿去洗，他一边接过一边对我挤了挤眼，还从我手里拿走我办公室的钥匙，我知道他是想拿水果刀也顺便一起洗干净，我也对他眨眨眼。

我从包里拿出早餐开始吃，有点干，就这么咽下去了。正吃着，忽然看到我的杯子被谁递了过来，转过头一看，是浪浪，他清澈的眼睛盯着我，比划着说："黄妈妈，早餐只吃干的不好，喝点麦片。"我接过杯子喝了一口，真是香甜，温暖的氤氲冲得我鼻子一酸。我以前并不知道，浪浪除了和同学们一样听不到之外，还患有癫痫，不定期地发作，担任他的班主任不到一年，我两次遇到他发病，在等待医生和他妈妈的时候我就在寝室陪着他，帮他擦拭吐出的白沫，不让他抽搐时咬到自己的舌头，仅此而已，并不曾特别关照过他。刚才，他一定是和小胖一起进了我办公室，拿出我的杯子，把他平日自己喝的麦片冲泡好了给我。我大口地喝完麦片，整个人都感觉暖烘烘的，杯子放到一边。站在身边的顺顺马上拿起我的杯子，用他的洗碗布小心翼翼地擦洗，顺顺是学校里出了名的大帅哥，舞台上的他光芒四射，没想到洗杯子也能这么有模有样的。我连忙摆着手要他放下，等会我自己来，他已经拿着杯子出去冲洗了。

8点半，家长们陆续来了，我示意班长组织同学们轮流使用水果刀削苹果，削好后送给自己的家长，我则穿梭其中和家长们聊聊天。我跟小胖的妈妈说所有的苹果都是小胖洗的，他妈妈很意外："他平时在家里什么事都不做呢，他真听黄老师的话。"一旁的浪浪妈妈也跟着附和："是啊，我儿子每次回家就说黄老师对他多好多好，我有时候觉得他对我这个妈都没那么亲。"

转头之间，我看到顺顺的爸爸来了，我悄悄地走过去，把这位老兄叫到一边，有些话必须得找他谈一谈了。因为顺顺的风头太盛，其他班有的女生毫不掩饰对他的好感，常常会拿一些食物或者小礼物送到我们班教室来给他，这样对我们全班的影响都不太好，何况，我也很担心正处于青春期的顺顺不懂得如何正确地处理这样的问题。虽然我也找顺顺谈过，可我还是不确定自己的手语能否完整地表达我的想法。顺顺的爸爸听完我说的话，告诉我一件事：上次周末，顺顺回家时提出要买凉席，他妈妈给了他几十块钱，他买好了之后还剩五块钱，他把钱留好，回家时还给了妈妈。妈妈要给他留着做生活费，他不要，他说每个星期五十块钱够了。顺顺的爸爸还告诉我，周末时他们经常要加班，每次顺顺都会做好饭菜等爸妈回家……我知道顺顺爸爸跟我说这些的意思，他是想告诉我，这么懂事的孩子，一定不会让老师失望的。

我看看手表，快十点了，今天的活动马上就要开始了。望向教室里我们班这些年逾不惑甚至年过半百的家长们，他们之中不乏器宇轩昂的成功者，平时都是些指点江山的大人物，对于他们来说，未到而立之年的我应该还只是个小姑娘，此刻他们都端端正正地坐在简单的课桌椅旁，拿着纸笔，准备记录我说的话。我忽然有些惶恐，我担心自己所说的内容不够分量。可我又想，他们尊重我，不仅是因为我是他们孩子的班主任，更因为他们从孩子们身上看到了我这个班主任所付出的点点滴滴，他们看着我的眼神充满了期待，他们相信我能陪伴孩子们更好地成长。想到这儿，也就坦然了。我缓步走上讲台，脑子里过了一遍今天所要说的内容，保持微笑。

今天的家长开放日活动，就此开始了。

（黄燕）

【名师点评】

教师的教育作用如何呈现？从学生身上。细心、有爱心、孝顺、善解人意的孩子是怎样培养出来的？是教师一点一滴地渗透、一举手一投足地示范、一言一行养成的。学生的心湖中，将真实地投映教师带来的一幅幅风景。为此，我们是不是应该更用心地创设最美丽的风景？

（黄雅芩）

我的幸福

"用心灵赢得心灵"，这是李镇西老师《做最好的班主任》中的一句话。我用这句话指导自己开展教育工作，用这种情怀和学生相处，用这种思想处理各种问题。三个月来，我真的感觉自己收获了不少心灵的理解与认可。我可以骄傲且自豪地说，我正处在我的幸福里。

运动会上的第一个比赛项目竟然是教师的1000米长跑。实事求是地说，跑步真不是我的菜，我的运动天分在上大学后几乎全部挥发尽了。工作后十年来，我从未主动参加过运动竞赛，这次竟然稀里糊涂地报名参加长跑了。万众瞩目下丢脸……恐怕没有比这更坏的结果了。可是我不能后退，我必须上。我所带的这个高一7班刚刚在军训中经历了惨败，竟然所有项目的评比都是三等奖。一股畏惧的气氛在飘扬，一股自卑的情绪在弥漫。我要打破这些沮丧，我要改变这种悲观，首先从自己做起。

比赛前的那天晚上，我告诉同学们我会首先参赛，我是个缺乏运动细胞的人，但我绝不会是一个主动认输的人，请大家为我加油，为我见证。

比赛结果当然是我毫无疑问地拿了倒数第一。我拼了命地往前跑，我拼了命地身体往前，可还是拿了倒数第一。有一位同学告诉我："刘老师，我注意到了您落后倒数第二名将近一圈。"有一位同学替我分辩："其实刘老师跑得挺快的，我一直陪跑，可是追不上。"有一位同学说："刘老师，您知道吗？您是刚刚场上的明星。所有老师和同学都在为你加油。"有一位同学说："刘老师，您真应该加强锻炼了，以后跟着我们一起来搞运动吧！"当我抬着僵硬的双腿来到教室，同学们的上午总结正在进行。我不好意思地对大家说："真对不住大家，刘老师丢脸了！"突然一位同学站起来说："让我们为刘老师的坚持鼓掌！"台下是一片灿烂，台上是我百感交集。我趁机做了动员工作："同学们，咱们班的体育生小静之前在外地参加田径运动会，为了班级荣誉，她在比赛项目结束后，自己提前独自坐车回来。这才是我们要鼓掌学习的。"小静不好意思地坐在座位上，大家的掌声更热烈了。

队员小豪在上午个人比赛时摔倒在终点线前，肚子、手臂都摔破皮了。考虑到他的伤势，我们准备让别人顶上去参加下午男子4×100米的比赛，可是谁也没想到他执意要带伤参加比赛。谁也没有想到，最后我们的队伍获得了男子4×100米的冠军。此后喜报频传。个人项目、集体项目不断出彩。最让我们欣喜的是男女混合30×50米迎面接力比赛，我们又获得了第一名。那一刻场上场下同学欢喜雀跃，又喊又叫，全然忘了军训时的失落与沮丧。运动会结束时，7班以巨大的优势获得了总分第一名的好成绩。

巨大的喜悦之后，我回过头来想，为什么会有这么大的变化。用真心获得真心的认同，用真心去影响真心，用真情互相传递，用真情凝聚班级，不用老师的架子压人，不用奖励的东西驱使，我们每个学生都融进了激情与拼搏的幸福里。

恐怕这就是"用心灵赢得心灵"的真谛吧！从个人角度来讲，每个人都需要获得理解与尊重，每个人都需要获得认同和支持。学生们明白老师的难处，

明白老师的苦恼，明白老师的用心，他们因为被尊重被信任而激发出来的力量会无比强大起来。魏书生老师曾说过："请相信每个孩子的心里都有一个你的帮手。"如果说老师可以做一盏明灯的话，孩子与孩子之间也是如此。光亮可以互相传递，就像激情，就像拼搏。

之后的很多时候，我都用此理念和学生们相处，总有意外的惊喜出现。最近我要上公开课，选什么课，怎么上，都是问题，而且只有一周的准备时间。当我在班上抛出这个话题的时候，班上同学议论纷纷，争先恐后地提建议。"刘老师，你可要好好选文章。""刘老师，我担心你一节课上不完内容，千万别选古文。"……学生们和我一样上心，我可不就省心了。

前几天晚上，一位家长来校接孩子小天回家。可是还没到下课时间，家长就在外等了一个多小时。我注意到了这个情况，又想到了孩子这一段的很多问题，目前他们父子关系很紧张。于是我在他们要回去的时候，把小天喊到了一边说"悄悄话"："知道吗？你爸爸7点钟就来了。为了不打扰你学习，他在校外等了一个多小时。"当然这样的悄悄话也被小天爸爸听到了。第二天早上小天爸爸给我发了一条短信：刘老师您好！谢谢您昨晚给孩子说的悄悄话。回去后，我和孩子都很高兴。我们说了很多，沟通得很愉快！谢谢！

用心灵赢得心灵，还有什么比这更幸福的呢？

（刘海涛）

【名师点评】

如何促进孩子的道德成长？用权威去压制？用奖励去诱导？这些外部的驱使固然可以产生一定的作用，但很难持久。真正持久的教育是要激发孩子的内驱力，其前提就是要走近学生心灵，"用心灵赢得心灵"，达到"用心灵激发心灵"的教育目的。海涛老师在实践中找到了一条合理的路径，也就收获了教师独有的幸福。

（黄雅芩）

润泽心灵的短信

看到这个主题的时候，我迅速翻出了该故事的主人公分别在今年教师节、感恩节以及刚过去的元旦节给我发的三条短信：

1.（9月10日周二00:12）我最最敬爱的文老师，节日快乐！深爱你的505班的同学真的很感激您！对于我，真的有千言万语想对您讲，一年高三改变了我很多，才成就了现在的我，才会成就以后的我。节日快乐，身体健康！最爱你的学生——★★。

2.（11月28日周四23:36）文哥，应该睡了吧！我是★★，抱歉在感恩节的尾巴才给您送来祝福：两年的教导永生难忘永生受益！永远不忘的505和文哥！在您的教导和鼓励下我已经发展为预备党员，今天一直忙着写材料才没送来祝福。祝您和家人身体健康工作顺利！晚安！

3.（12月31日周二21:34）文哥新年快乐！不管我在哪里，你在哪里，年年交替我都会永远记得您——我最尊敬的老师！祝您和您的家人、朋友身体健康！工作顺利！

故事的主人公现在在湖南农业大学读大二了，从短信的字里行间可以看出，高三一年对他的教育是刻骨铭心的，不仅有他自身的长足进步，而且将来必然能够回报社会！作为老师和班主任的我在感受到幸福、小有成就的同时，也整理了一下思绪，回到了两年前。第一次见面，主人公左手手臂纹了一颗很大的钻石，无论从哪个方面得到的信息都是负面的，一个十足的社会上的小混混，甚至到了非开除不可的地步。于是第二天早自习，光迟到不说，手里还拿着一盒米粉进了教室，正准备吃起来，一切那么自然，旁边的同学也并不觉得奇怪，都习惯了。我强忍着怒火叫住了他，他却不以为然，准备把米粉直接往垃圾桶里倒，我再次阻止了他，带到了办公室。按照以往的做法，应该大发雷霆指责一番。但我让他在办公室里吃完了米粉。"同学啊，高三了，属于成年人了，我不计较原来你是怎样的情况，但从现在开始得管好自己，清楚该干什么的时候就干什么，不久以后我们会相互了解的。"对手臂上醒目的文身提出了一个小小的要求，虽然班级所有同学都知道了，但不要让更多的人知道，穿长袖衣，遮住文身！整个过程虽然没有批评，非常和谐，但感觉他像洞庭湖的老麻雀，基本没有讲话。可是接下来的一天，★★没有迟到，也穿了一件长袖衣，下课时在走廊偶遇，亲切地和我打了一声招呼，小小的举措给了我大大的安慰和信心，我暗下决心，这个学生我要教育好，我也能够教育好。趁热打铁，我肯定了他的这种做法，承诺彼此相互尊重和信任。

从慢慢的了解中我知道了他的许多，小学、初中都是班级的佼佼者，进入高中阶段，由于竞争丝毫没有了以前的优越感，于是干脆破罐子破摔。究其根源，是没人肯定他、没人认同他。我决定就把这作为突破口。篮球是★★的生命中最重要的部分之一，连班长也可以被他骂得无地自容，他集体荣誉感强，对方小小的犯规都逃不过他的眼睛，只要自己队输了，他就是个拼命三郎，以前还为此打过架，自习课逃课去打球。我在班级特地成立了一个篮球队，由他任队长，队员由他安排，位置由他定。布置不到十分钟，名单就来了。与兄弟班级进行了几场球赛，不但大获全胜，而且组织很得力，队员、拉拉队井然有序，我也为他们呐喊助威。赛后，他特意来到我办公室，丢了一句："我现在才感觉到505班是团结的，这几场球赛打得最爽。"以此为契机，我语重心长地对他讲："篮球只能是一门爱好而非专业，在校学习也得和打球一样，遵守游戏规则；赛场上的拼搏精神更可以放到学习上来。打球你能赢别人，学习和纪律上我同样相信你。"自那以后，慢慢地感觉到了他的自信。

（由于担心违纪被开除，家长每天接送，晚上在家里睡）我还是和家长保持交流，通过家长传达我的表扬，我也时不时地向他传达家长对他的关注和爱，对他的期望。印象最深的一次，时间记不太清楚了，当抽烟又一次被抓时，家长来了学校，他一把跪在家长跟前，坚决要退学，表示太对不起家长、太对不起老师，家长、学生哭成一团。这一次我留下了他，再一次原谅了他，我知道这个玩世不恭的家伙已经有了彻底的变化。自那以后，人低调了，班级事务积极了，学习更认真了。担任了纪律委员，最终考上了二本，后来读了湖南农业大学国际关系学院。升学宴虽然我有重要的事情，但在家长和他的强烈要求下，我参加了。我很荣幸，那天是最受关注的嘉宾。

写到这里，我其实有许多感慨，回想一些情景，热泪盈眶。我突然觉得，我应该开心地笑，一为自己的小小成功，更为★★同学美好的将来！我相信，他一定能走得更远……

（文创建）

【名师点评】

转化后进生，需要爱心、耐心和智慧。不歧视，甚至多一分关爱让孩子感受到温暖；不放弃，甚至多创造机会让孩子找到自信；不放纵，能明确地提出要求，促进他的成长；不苛责，甚至一次一次原谅，为的是激发孩子向上的信念！创建老师因此收获了教育的成功和教师的幸福！

（黄雅芩）

打小报告是所有老师的专长

早上起来，开机，接到一条不署名的短信："打小报告是所有老师的专长，造成的结果无一例外的就是被家长骂。知道您也是为学生好，但容学生我要说一句，对于一位自主能力较强的、自我反省意识较强的人来说，这种方法也要因人而异，免得弄巧成拙。实话实说，不要见怪。"

没有署名，我不太肯定是谁发过来的，但肯定是我的学生。一看时间，居然是差不多晚上十二点了。

看着这条短消息，我内心惶惶。马上检查起自己的言行来，最后我估计是裴顺发来的，但我还不敢肯定自己的想法。

到了学校，我发现教室的灯亮着，里面就只有裴顺一个人，我顿时明白，这必定是裴顺发来的了，她正在用自己的行动证明自己并非一个爱迟到的人。

原来，昨天早自习的时候，其他同学都已经到校了，就只有裴顺的座位空空如也。我担心她路上出意外，就打了个电话过去询问裴顺是否已经来校，结果她的妈妈说她刚刚起来，马上就赶到学校来。我一时气恼，想到离高考只有不到五个月了，裴顺还时不时迟到的状况，便没有注意说话方式，说裴顺就是因为有些惰性才导致现在的学习成绩提不上来，希望家长配合学校教育，多多督促。

现在看来，我这番简单的对话让裴顺吃了苦头。其实放下电话的一瞬间我就后悔了，记得郑学志老师说过，与学生家长沟通，切忌向学生家长告状，即便要说学生的不足，也要先谈优点再指缺点，这样有利于家长接受意见，也可以最大限度地保护学生。退一步讲，裴顺迟到也很有可能是因为劳累过度，睡过头了，我应该先关怀她的身体状况，再说其他。而昨天，我居然……

后悔莫及啊。

我心里想着怎么弥补我的过失，看着日光灯下裴顺一个人学习的身影，我走进去表扬了她的早到，裴顺听了表扬显得有些不自然。早自习的时候，我又特意在班级提出了表扬，这时裴顺露出了诧异的表情，似乎紧张的神态一下子也放松了很多。

放学后，我叫来裴顺，与她在校园里边走边谈，问那条短消息是不是她发的，她很诧异，反问我怎么知道的。

我说："裴顺是什么人？是一个特别有主见、特别有思想的人，这样有主见的话，放眼全班，也只有裴顺才能说得出来。"我这些话可不是"拍"裴顺的"马屁"，因为我一直认为裴顺是一个有思想、有见解、有灵气的女孩。

果然，裴顺一听我这样说，便不好意思了，连连说"没有，没有"。

我趁机与她谈到了短消息的内容。我首先道歉，说在电话里没有把她的情况说清楚，导致她可能挨了骂。看着我并没有责怪她的意思，裴顺反而更不好意思了，连忙说那都是自己一时心急乱写的。

接着我和她一起就她本期的表现进行了交流。通过交流，裴顺认识到，自己在很多事情上是有主见的，但有主见不代表能够自主能力强，自我反省意识强。比如天气转冷后，她就不来坚持晚自习。两次月考成绩不好才意识到不来晚自习的害处，又马上来参加晚自习了。但在其他方面还有很多问题，自我反省意识不够，比如贪恋被窝的温暖，早自习经常迟到；学习不够主动，遇到疑惑不能主动询问老师。

最后裴顺得出结论："一个真正自主的人，是很少会在失败了之后才计划好自己的行动，他必定是在行动之前就把种种情况都考虑清楚了，包括行动的效果、行动过程中要做的努力，他都会计划在内。这才是自主。"

谈话结束了，裴顺真诚地向我鞠了一躬，说："潘老师，我一定会好好努力的！"

转眼高考结束了，裴顺打电话向我报喜，说自己被长沙市一所二本院校录取了。以后逢年过节，我基本上都收到裴顺的祝福，每一条祝福在最后的结束时，裴顺都会写上一句"感谢您，潘老师"。

现在，我把裴顺的这句"打小报告是所有老师的专长"作为自己的警示，它告诉我：面对学生，不能只责骂而不讲方法，只有走进学生的心灵，才能润泽心灵。

（潘雪陵）

【名师点评】

合理解决师生冲突的一个关键点是"克服自我防卫心态，学会换位思考"。"师道尊严"决不是通过高压和责骂建立的，而是在理解学生、反思自我、主动沟通、达成信任的基础上建立起来的。正因为此，雪陵老师获得了学生的尊重和信任。

（黄雅芩）

第三节 带着智慧上路

生命有气象，何言无契机

一、我提供了疏导学生心灵困惑的契机

高三了，要说学生没有心理的压力那是不可能的事情。作为班主任，当然要帮助学生想办法来释放心理压力，这不正好，我的一个学生家长就是有名的心理专家，我和这位家长一联系，家长很是乐意来充当减压大使，于是我要求全班的学生每人都将自己的心理困惑写出来，以不记名的方式转给这位家长。

没过一天，这位心理专家就给我反馈了征集到的学生的心理问题：全班六十多个学生，有二十几个同学大胆地写了自己的心理困惑：有的说睡眠不足，有的说不知道如何处理和女同学的关系，有的说不知道如何面对父母殷切的眼光，有的说不知道如何提高自己的成绩，有的说面对自己的未来感到无所适从………

最后，这位家长告诉我，其中有一个学生的心理状况比较糟糕，有些许的厌世倾向，这位学生的纸条上是这样写的："真想逃离现在的世界，怎么办？"

这位专家提醒我，因为没有签名，不知道我能否猜得出这位同学是谁，有可能的话，她想找这位学生当面谈谈。

二、家长对学生心灵困惑的困惑

这位同学会是谁呢？

这天，全班同学去跑步，有一些同学没有跑完就开溜了，事后我去查人，其他的同学都如实承认，唯有跑完了全程的源源同学却在一旁生气地念叨着，他很厌恶和这样的同学去跑步，他厌恶这样的生活方式。

源源同学原来是很理性的，这次为什么会那样地愤世嫉俗呢？是不是他的

168

心理出现了问题，难道之前的那位家长提到的那位同学会是他？

连续几天上课的时候，我留意了源源同学，我发现他的脸上多了一层忧郁的神色，整天神情恍惚，上课也是一副魂不守舍的模样。

我断定他应该是遇着了某些问题，但是我还不能将他和那位逃避现实者画上等号。

为了求证这个答案，我没有直接找源源同学，决定实行迂回战术，先和他的家长交流。家长反馈说："源源从小就比较懂事，我们也没有给他什么压力，去年我的眼睛动了手术，用掉了20多万，现在家里的条件也就一般，不知道是不是这些情况，给他添加了压力。"

古语说"穷人的孩子早当家"，难道源源也是提前感受到了家庭带给自己的压力？难道是这种提前的知寒知暖给了他无处释放的悲伤？

三、心理专家对学生心灵领地的润泽

我要心理专家来班上做"直面当下，迎接未来"的心理疏导。心理专家提前几天就做了精心的准备，她根据之前对学生进行的心理问题的采集结果，结合自己的工作案例，采用案例教学的方式，将深奥的心理原理浅显化、生活化，深入浅出，妙趣横生。她告诉了学生高三的生活是艰苦的，高三的压力是不可避免的，这是我们人生的一个奇妙的历程，我们要换一种心态和眼光来度过奇妙的高三生活，最重要的心态是：我们要活在当下，直面生活。这位专家教会了大家怎样减压，怎样与人倾诉，怎样通过运动的方式来调节和释放内心的压力。

会后，这位专家家长留下了自己的联系方式，说有问题还可以给她写信。

不久，这位专家家长告诉我，是源源同学。源源还给她写了一封信，这次还署了名，她也回了一封信，并赞扬了源源坦诚的态度和直面心理困境的勇气。

四、家长和学生心灵对话以后的反馈

我再次和源源的家长联系，源源的家长在确认自己的小孩有这种厌世的想法后，感到非常的惊讶和不安，他们连夜从城市的另一边赶到了学校。

家长找源源交流了，没有当着我的面。

家长如实地告诉我，老师您的分析是对的，源源的心理压力真的是很大，原因真的如同您说的那样，但是我们家长之前都疏忽了，我们没有想到他还有这么重的思想负担！这次感谢您邀请了这位心理方面的家长来给他们做讲座，源源说他听完讲座以后收获很大，也学会了许多的东西，讲座后他还给那位心理专家写了信，他也将专家的回信给我们看了，专家的信写得很好，我们都深为感动。作为家长，我也很担心，我和源源一起探讨了压力的来源，正如您之前观察和估计的那样，是源源自己给自己加压了，是他太懂事了，他看到我治疗眼睛用掉了那么多钱，他感到自己如果不努力，好像以后就没有能力来负担这个家。现在他感到自己的成绩进步不够明显，内心里一直都觉得愧对我们家长。所以他一直以来都背负着这座大山，现在压力越来越大，因而学习起来就有了逃避的想法。我们开导了他，但是不知道效果如何，我们还是期待您能给他以指导。

五、学生的心灵滋生出获得润泽之后的生命气象

我知道，虽然专家和家长都做了努力，但是，"解铃还须系铃人"呢。

第二天，源源自己来找我了，我知道这是好事，解铃的人来了。

我看他脸上似乎有了些许久违了的笑容。我避重就轻，轻描淡写地问他现在心情如何。

源源告诉我，在心理家长来做报告之前，他确实感到生活给他的无形压力是非常大的，这种压力虽然不是父母嘴上亲口说出来的，但是对于他自己却无时无刻不感到它的存在，有时候这种压力就像某种气场环绕左右，让他窒息。"我父母因为身体的原因，负担太重了，我有时候感觉到，如果我不努力，我就对不起他们，但是，我们现在的学习压力也是很大，我也很努力了，但是成绩并不理想，有时候感到非常的无奈和不公，为什么别人稍微努力一下，就能有很大的进步，而我自己那么努力，收效却那么单薄，我分明已经感到自己陷入了一种无路可走的无解的境地，我感到我这样的处境和表现无脸见我的父母，因而我才会有那种逃离这个世界的想法。还好，您及时请来了心理专家给我们做讲座，效果很好，我还给那位心理专家写了信，我没想到，这位心理专家真

的还给我回了信，她的态度很诚恳，我也深受感动。她告诉我要活在当下，要直面生活，要学会自我调适自己，现在我的精神压力也释放了许多，我的家长也和我谈了许多，我感觉有些事情是我多虑了，今天我终于放下了重担，人也轻松了许多。"

六、我对这次高三心灵润泽活动的思考

高三是人生的一个奇妙的阶段，人生的几十年没有其他的哪一年能和高三这一年来媲美。因为高三，我们心智渐趋成熟，因为高三，我们选择人生的理想道口，高风险高变数。

高三的这一次心理辅导，它的作用看起来似乎是有限的，这种做法看起来似乎也和高三追逐成绩的场景不合拍，但是，这次活动传递给学生的是一种直面生活的方法和态度，它教会了我们的学生要如何去面对生活，如何去调节我们的心理压力，这是一种生活方式的调整，是一种正视生活困境的健康思维的模拟，它润泽了学生的心田，教会了学生怎样去面对未来的生活，这样的教育对高三的学生来说，不早不晚，适逢其时。

教育莫言早，润泽该择时，生命有气象，何言无契机。

（罗召庆）

【名师点评】

罗老师的教育故事，惊险而充满智慧。面对高三学生源源的厌世情绪，罗老师冷静、智慧地使用"迂回战术"，一方面与家长沟通，了解其家庭状况；一方面借助心理专家的力量，帮助其疏导；更在适当时机，让他自行修复心灵，获得"免疫力"。这是一次成功的心理疏导，"危机"往往与机遇并存，而教育需要在危险中见出机遇的智慧，以智慧为学生点亮心灯，尽显其生命气象。

（屈检嗣）

关注孩子内心的秘密花园

——一篇周记引发的思考

题记：每个孩子都是一个独特的世界。对于处于青春期的中学生来说，他们的内心都是一座秘密花园，那里繁花似锦，绿草如茵。但是，如果没有我们小心的呵护，这座美丽的花园里也很容易掀起狂风暴雨。某天，本班纪律委员黎浩的一篇超长日记就让我对这个平时看上去沉稳正义的再也正常不过的男孩有了新的认识，了解到原来他曾经历了一场巨大的思想风暴，同时也引发了我这样一位普通班主任对教育的一点思考。现将周记内容及本人的回复和思考附记如下。

黎浩的周记：

廖老师，我知道我成绩不好，感觉我悟性总比别人差。但是爸爸总拿别人跟我比较，我心里没有那种"因为别人成绩好，所以我要追上他"的感觉，而是感到自己成绩差，爸爸不喜欢我，那是失落和一次次的无助。我知道爸爸把我跟别人比较是为我好，但我不喜欢那种感觉，想到爸爸对我的说教，我就慢慢产生厌恶的心理。……

我讨厌他，从我上小学时他就去外地上班，我知道这是为家着想，但是我希望他不去。虽然穷，但爸爸在我身边我很开心。然而，他去外地了，我的童年也走了。我从小和妈妈住一起，没有感到爸爸对我的爱。我现在就是有一种很不安全的感觉，因为小时候爸爸不曾给过我安全，我晚上睡觉都是提心吊胆的。

我本以为我爸妈最好的一点就是不看我的日记和手机，但我错了。我妈在我洗澡时，在我房间看我的手机，我出来时她问我手机上的信息是怎么回事。我说是朋友开玩笑，她不信。我心里在想：你不信，要我怎么解释，你不信，我解释也是没用的。我妈在我心里的好感一刹那间就没有了。她去和我爸说，我爸问我是怎么回事。我本以为他不会怪我，但我又错了。他说："尽开些这样的玩笑！"我忍住眼泪，心里想："难道你初中没开过这样的玩笑？我和你时代不同，当然我们认为好笑的事，你不会认为。"我也没有说出口，我还是怕，同时我还在强忍泪水不让其往下掉，和爸爸说完后，妈妈去哄妹妹睡觉，我一时想不开，就去厨房，拿起刀看着，心里想"会不会疼？死后就不会痛了吧？"而且，我一直认为慢慢地折磨不如一刀捅死。这时妈妈来了，她拿过我的刀，看着我卷起袖子的手，确认没有刀痕，而后我就冲进了房间。本以来妈妈会很温柔地安慰我，我真是笨。她会和我细声细语？那真是见鬼了！

……我还有许多秘密，但我从不和他们说，因为每一次谈话，爸爸总是训动物一样训我，我不敢说，怕他生气打我，所以一些秘密我从不和他们说。

我有时想离开这个世界，因为这个家我呆不下去了。我听过一句话是："橡树和木棉枝相缠，以这样相依相偎的姿态存在，除却情人，更常见的便是心贴心的闺蜜。"对，我可以把我的秘密说给朋友听，但上学时他们要学习，我不可以打扰；放学后，只有在放学回家路上才可以说，但时间太少。

一个小孩不是像你们眼中的那样，他有多少悲伤，大人永远不知道。

也许，大人们认为你们自己是过来人，但时代会变，不要以为你们什么都知道。家长认为他们供我们学习，我们不能提要求，但我们也不想提要求，你们大可不必生我们。

我的回复：

第一次看你写这么长的文字，很震撼，也很感动，因为你把廖老师当作了朋友。

小时候的事情，老师已经记得不是很清楚了，但我知道中学时代与父母是有过争执的，而且有时还很激烈，可见不管时代如何变，"代沟"一词是永远不会过时的。现在你的想法和当年老师曾有过的想法是多么相似！然而无论我们和父母如何辩论争吵，他们永远是这个世界上最疼爱我们的人，是我们最亲近的人，这一点，你永远不要怀疑。

小孩有小孩的烦恼，大人有大人的无奈；小孩有小孩的忧伤，大人有大人的苦衷。也许成年人错就错在把孩子的烦恼以成人的功利标准来衡量，于是认为孩子的烦恼不足为提。却不知，以孩子的经历经验，他所感受到的烦恼忧愁都是那么真实具体。

理解是双方的，从你写的内容来看，你对自己的分析还是比较客观理性的，也充满对父爱母爱的渴求。其实父母的爱从来没有缺乏过，只是不同的人表达方式不一样，我们也要培养自己感受爱的能力。相信聪明的你，一定会理解父母的所作所为的。

学习尽力就行，人生是长跑，良好的习惯和高尚的品德才是决定胜负的根本因素。不要那么悲观，生活很美好，用心感受吧！

我的思考：

从心理学的角度讲，步入青春期后的青少年，由于身心健康趋于定型的时期，是走向成年的过渡阶段，亦是性意识萌发和发展的时期，他们的心理发展和生理发育往往不同步，具有半成熟、半幼稚的特点。因而，在他们心理素质发展的关键阶段，容易产生心理失误，甚至心理滑坡。所以对于这样一个敏感时期的问题，如果我们处理不当，就极易引起孩子与成人之间的误会甚至矛盾，引发或是加重孩子的叛逆之心。黎浩的"故事"就非常典型地反映了这个问题。

"代沟"似乎是一个永不过时的流行词，这个词之所以能无论时光如何流逝而热度不减，我想不仅仅是因为时代发展的步伐太快，更主要的还在于我们教育的方式不够科学。那么如何关注孩子的内心秘密花园，做好与孩子的沟通呢？结合本人的工作实践，我认为主要应从以下几个方面入手。

1. 不小看孩子的"秘密"。也许在我们成人看来，他们的所谓忧愁悲伤、所谓的"小秘密"，是那么微不足道。于是，我们忽略他们皱起的眉头，无视他们淡淡的心事，我们翻看他们的日记，偷窥他们的秘密，一点也不会觉得这样做有什么不妥。但是别忘记，他们只是孩子，孩子的"全部"和大人的"全部"是不一样的，而你所触及的几乎已经是他们的全部，他们当然会拼尽全力会捍卫自己，你的侵犯将会直接导致他们的敌视。如果我们不明白这一点，就不能理解为什么文中黎浩会因为父母偷看自己的信息而掀起那么大的思想风暴，甚至想到要轻生。当我们对孩子的某些感受视而不见时，别忘了自己也曾是孩子。

2. 了解青春期孩子的心理特征。独立性和依赖性的矛盾、成人感与幼稚感的矛盾、自制性和冲动性的矛盾等是处于青春期孩子的普遍心理特征。这就导致了这一时期的孩子渴望独立而身心生活上又必须还要依靠长辈；渴望得到成人式的尊重，而自身的言行又难免幼稚……孩子的内心世界丰富多彩，尤其是新时期的孩子，相对而言，他们处在一个复杂多变、信息爆炸的时代，显得"见多识广"，给我们的感觉普遍"早熟"，心理更为复杂。但无论怎样，孩子毕竟是孩子，需要我们的关心与呵护，了解青春期孩子的心理特征，关注而不偷窥孩子的内心秘密花园，才可以帮助孩子顺利渡过这个充满暴风骤雨的时代！心理学还认为，青春期的孩子相比之下更容易感觉自卑，所以对孩子教育时，对此宜纵不宜横，无论是家长还是老师都不要轻易给孩子扣帽子、贴标签，打击孩子。文中黎浩的家长一次次地拿黎浩和其他同学比较，甚至说他没用，这种做法除了让他对家长抵触外，并没有让他的成绩有一点点提高。

3. 沟通有技巧，教育有智慧。生活中，我们经常看到成年人以过来人的姿态居高临下地指责孩子，而不是以平等的朋友的姿态和孩子交流，这自然容易引起孩子的反感。其实，要想与孩子沟通好就应该把自己当成孩子，站在孩子的角度想问题。我们都知道黎浩的父母是爱他的，可是孩子为什么对父母有那么多的埋怨呢？因为孩子不能接受父母爱的方式。很多时候，孩子说，我不想和他说话，意思是说我不想和他以这种方式说话。事实上，我们越是把自己的关心和付出当成一种资本，甚至尚方宝剑，在孩子面前挥舞，孩子就越是反感。此外，我们还要给孩子一定自由的空间，曾经有一个非常内向的孩子在周记中写道：我希望爸爸妈妈"关注"我，而不是"关住"我。大禹治水的故事说明堵不如疏，教育也是如此，好的教育应该是循序渐进、润物无声的。

总之，黎浩的故事其实并不是个例，而是具有共性的。他的故事也透射出了青春期孩子遇到的一些共同的心理问题。所谓春风化雨，大爱无声，关注孩子的内心世界，同时练就教育的智慧，用心发现与倾听问题，用技巧化解矛盾，孩子内心的秘密花园一定会阳光灿烂，鸟语花香！

（廖美华）

【名师点评】

中学生正处于敏感的青春期，他们心灵的秘密花园当如何守护？廖老师指出"独立性和依赖性的矛盾、成人感与幼稚感的矛盾、自制性和冲动性的矛盾等都是处于青春期孩子的普遍心理特征"，面对学生黎浩内心的痛苦，廖老师深知"以孩子的经历经验，他所感受到的烦恼忧愁都是那么真实具体"，提出要关注学生复杂微妙的内心世界，并强调"站在孩子的角度想问题"，重视与孩子沟通的方式。这些观点，都是值得教育工作者与家长们深思的真知灼见。

（屈检嗣）

做一名有魅力的班主任

从教的时间虽然不算长，但9年班主任的生涯也让我常常可以在朋友圈里吹吹牛——"什么样的学生没见过"。但真让我静下心来写下一个完整的故事，却发现一时无从下笔，因为记忆里的那些和学生"斗智斗勇"的片段交织在一起，没有最精彩，只有更精彩。家人说："那就在毕业的学生里写一个最近和你见了面的学生吧！"于是，就有了这个关于"小彭"的故事。

"小彭"是个不折不扣的富二代，也是一名特长生。学习基础相对较差，学习主动性不够，成绩自然垫底。上课时间数台手机轮番使用，老师收了一台，往往下节课就能摸出另一台。组织纪律观念不强，课间操等活动能躲就躲、能逃就逃。家境优越，因此见多识广，与同学交流的口头禅是"你知道什么"。自我意识尤其强烈，对于自己不喜欢的人和事，不分场合、不分轻重地直接表达，丝毫不顾忌他人的感受。高二文理分科开学一个月以来，任课老师和其他同学已经向我"汇报"过多次他的光荣事迹，他也成了办公室的常客。但往往是他一脸诚恳地承认错误，保证不犯，一边坚决地按照他的方式继续生活。怎么改变他？这个问题激起了我的斗志。一味的批评教育已经证明效果不佳，非得要剑走偏锋才行。于是，我制订了"三步走"计划，走近他的身边，取得他的信任；走进他的生活，读懂他的心灵；让他主动走向我，改变他的学习现状。

1. 走近他的身边，取得他的信任

让他信任我，不能光谈学习，要从他感兴趣的东西谈起，但不能刻意而为。否则，他会认为老师有意讨好他。于是，我选择了他常常逃跑的课间操时间。我在班上公开宣布，因为小彭同学不愿参加课间操，我给他换一种锻炼方式——俯卧撑，时间不变，地点在我的办公室。如果逃跑，锻炼地点改为讲台。他这极要面子的个性，绝不会当众锻炼。这样就开始了我们俩的"每日谈"。25分钟的时间里，我规定的20个俯卧撑，他往往5分钟不到就完成了，剩下的时间自然成了我们的交流时间。我不跟他谈学习，也不谈表现，总是很随意地闲话家常，谈他引以为傲又很惧怕的父亲，谈他课余跟汪涵合作开饭店的事情，谈他吹得不错的萨克斯，甚至谈我和他都感兴趣的潮流服饰。一开始总是我说，他小心翼翼地答。慢慢地，他主动说的话多起来了，渐渐地，他的语气轻松起来了。我知道，其实他内心很单纯，他慢慢地在信任我，把我当成了朋友。犹记得在连续一个月的"俯卧撑闲谈会"后，他在临走的时候对我挤挤眼睛："艳姐，你穿蓝色的衣服最漂亮。"我一边享受着他的赞美，一边在心里想着："哼，小子，接下来该你乖乖地到我碗里来。"

2. 走进他的生活，读懂他的心灵

知己知彼，才能一招制敌。我正式约见了他的父母。从他父母那里知道了更多他的信息。他其实很孤独，父母常年不在身边，所以他不太懂得该如何照顾别人的感受。高二结束，他就会出国留学，所以成绩垫底对他来说没有太大的压力。父亲有意识把他培养成接班人，总是有机会就把他带在身边参加各种酒会、宴请，这让他接触到了比同龄人更成熟甚至更世俗的世界观，他觉得和同学没有共同话题，也就站在了班级的边缘。我多么庆幸之前对他采用的是"智斗"，要不然他肯定认为这班主任怎么和我的同学一样幼稚。当务之急，就是重塑他的形象，让他融入同学当中去。我做了三件事：（1）恰逢汶川地震，团支书倡议全班捐款，小彭特意选了一个没人的时候，塞给我整整一万元，还叮嘱我不要告诉同学他捐款的数目。我在班会总结时特别强调小彭同学把自己两年的零花钱全部捐了出来，还要求我保密。但我遵守约定，没有说数字。在同学们的掌声中他涨红了脸、低下了头，但我知道他很开心得到大家的认可。（2）他所有的成绩中就英语最能拿得出手，我联合英语老师为他量身打造了一个课堂发言话题"我最喜欢的国家"。在那堂英语课上，老师貌似无意地点到他，当他用流利的英语向大家描绘他去过的他认为最美丽的希腊时，所有的同学都用安静的聆听、向往的眼神、热烈的掌声让他再一次涨红了脸、低下了头。下课后，头一回有女生主动围到他座位旁，他也头一回正儿八经地回答着她们提出的关于出国旅游的各种问题。气氛热烈，和谐美好。（3）通过和他父母的沟通和他的谈判，我给他留下了一部手机，规定上课期间不能开机，其余的三部手机暂存我办公室。当他恋恋不舍地把手机锁进我的柜子时，还叮嘱我："老师，你可以经常开机玩一玩，要不然，长期不开机不好。"我笑了笑，没理他。谁料，第二天的早自习，我在班上大张旗鼓地表扬他："小彭同学担心影响自己的学习，主动把三台手机交给我保管。"在同学们诧异、惊讶、赞叹的议论声中，他在座位上又一次涨红了脸、低下了头，但我知道他懂我的良苦用心。通过这三件事，小彭慢慢得到了同学的认同和接纳，善良、内心单纯等等闪光点通过我的有意放大，让他不再是任课老师和同学们向我"汇报情况"的焦点。

3. 让他主动走向我，改变他的学习现状

学生的本分是学习，不管他是否出国，学习习惯是必须要培养好的。现在对待学习不在意、不努力，又怎能应对国外大学"宽进严出"的学习强度？有了前面的两步铺垫，再刺激刺激他，我相信，他会主动寻求我帮助他学习的。果然，在又一次"俯卧撑闲谈"时间里，当我和身边的老师又一次故意大声谈起班上某某同学的学习真是厉害时，他貌似无意地问我："艳姐，我的成绩还有救吗？"我心下暗喜，终于开窍了。"你说呢？烂是够烂了，但只要你想搞好，我想可能还有希望。但你要听我的安排，不能有意见。"我给他制定了半学期计划和实施措施并和他签订落实合同：（1）安排班级嗓门最大、气势最盛、见识与他旗鼓相当，同时也是学习委员的一名女生与他同桌，随时监督、辅导他的学习。（2）给他开了一张"介绍信"，让他到各个任课老师那里去单独报到，"介绍信"上有他各科学习主要问题的介绍以及恳请老师对他严格要求的请求，"介绍信"是我草拟，由他手写完成的。有了这张介绍信，每个任课老师在课堂上不由自主地会特别关注他。（3）作业收交单线联系，小彭每天的作业由另一位学习委员单独检查完成情况后再上交，如有缺交情况第一时间线报送到我这里，根据落实合同上的条款接受惩罚，至于惩罚措施，是我和他之间的秘密。每当他愁眉苦脸地走向我的办公室的时候，总有老师笑着说："哟，小彭，又来陪李老师做游戏了？"渐渐地，他来得越来越少了，成绩不能说突飞猛进，但也有了明显的起色，虽说还是班级垫底，但年级名次已前进50多名。最终在高二结束时顺利通过了学业水平测试和托福考试，进入了美国理想的大学。

还记得高三毕业时的班级聚会，他特意赶回来参加，整个聚会中显得特别乖、特别沉默。轮到他发言，他就说了一句："谢谢艳姐，谢谢大家，让我在雅礼找到了自己。"离别时分，他红着眼眶，在同学们的哄笑声中毅然地在我的脸上狠狠地亲了一口，在我耳边说："艳姐，谢谢你这么用心地对我，你是我见过最有魅力的老师。"

教育不是万能的，不是每一个小恶魔最后都会变成天使，也不是每一个成绩垫底的学生都能飞跃到前十名。但，每一个孩子都是特别的，都值得我们用心对待，这就是教育的魅力，这也是一个老师或者说是一个班主任的魅力所在。

今年的圣诞节，小彭同学从美国回来看我，他还是那样略带拘谨地背着手站在我面前，仿若这么几年的时光从没流逝，他还是那个倔强、善良、好动的少年，但我知道我在他的生命书卷中留下了温暖又特别的一笔，终将被他铭记。因为，此时耳边响起的是一起教过小彭的英语老师的话："燕子，我现在对你是羡慕嫉妒恨。刚刚，正准备翻通讯录给你打电话，他张嘴就背出了你的电话号码。"顺着她的手指，我毫不意外地看见小彭涨红了脸、低着头。

（李艳）

【名师点评】

李老师和小彭"斗智斗勇"的故事，让人不由得会心一笑。"走近他的身边，取得他的信任；走进他的生活，读懂他的心灵；让他主动走向我，改变他的学习现状。"李老师这一"改造"小彭的"三步走"计划，都落到了实处，且收效甚大，为教育"问题学生"提供了生动有效的案例。从中亦可见出，再叛逆的学生，遇到有勇有谋，更兼爱心与耐心的老师，终将归于人生正道，教育工作者当力求做这样的好老师。

（屈检嗣）

爱的导航，让孩子找到自我

"智育不好是次品，体育不好是废品，德育不好是危险品。"这是人们对教育是否成功的生动评价，同时反映出德育教育的重要性。

一、初识小伟

每年的9月1日都是开学的日子，今年我新接手了一个班级，刚接手时我就注意到了他，中等个子，身体比较瘦弱，头发蓬乱似乎好久没有洗过，虽然穿着与同学们一样的校服，但那上面的污渍让校服黯然失色。课上，他从不主动举手回答问题。课后，校园中遇到老师时，他总会躲着走，从不主动向老师问好。换座位时，他挑选的是教室里最后边的角落里的座位。

通过一周的观察，我决定找他谈话，打开他那封闭的心门。在第一次谈话中，我就被他的沉默惊呆了，不管我问什么，说什么，他只是简单地点点头和摇摇头，就是不舍得吐一个字。也可能是不知道怎样回答我吧，第一次交谈就这样结束了。

二、用爱引导

早自习，班长很紧张地告诉我，班上有一位同学丢了五十块钱，这对我这个新接手班主任是个莫大的考验，于是我开始在班上巡查，我注意到他的表情很不自然，不敢正视我。

中午，我单独找他。进了办公室，他开始依然一句话不说。而我，也不确定钱是他拿的，所以更要等他先开口。办公室的空气仿佛凝滞了一般，过了大约有十分钟，他终于要说话了，"老师……我……不是故意的……"他脸色通红，呼吸急促，他抽噎得很厉害，什么话也说不出来了。

我递给他纸巾，轻轻说："别哭了，能告诉老师为什么吗，老师相信你是个好孩子。"

他擦擦眼泪，慌张、懊悔、无助，全部写在他的脸上。稍微平静后，他低声地说："老师，这几天我们家没大人，同学没人愿意借给我钱，我昨天都没吃饭……"他有些语无伦次，听到这里我既心酸又心痛，我竟然没有发现他在那个角落里挨饿。

我拍拍他的肩膀，说："所有人都会犯错，知错就改也挺好的啊。老师没有发现你的难处，所以这件事老师也有错。"听到我这样说，他抬起头，眼中少了一丝恐慌。

"把剩下的钱给我，后面的事情我来处理。"

他乖乖地从兜里掏出钱。

几张有些褶皱的十元人民币。"你没有花？"

"我没敢……"

我看看表，学校还没有关门。"跟我走。"我起身，放回椅子。"去哪？"他又变得十分害怕。

"去吃饭！"我拉着他，一起下楼。

他所有的紧张，终于从心里卸下来了。

吃完饭后，我又带他去给饭卡充值，回教室前我对他说："我就是你在学校的家长，有困难必须来找我。"他的脸上露出了一丝微笑。对这一丝微笑，我感到莫大的欣慰。望着他离去的背影，我陷入了深深的自责。

于是我决定给予小伟集体的温暖和爱的引导。这一天终于到了，10月25日是小伟的生日，周五的班会课，当铃声敲响时，班长走上讲台，打开多媒体，放下幕布，"祝张伟生日快乐！兄弟，我们爱你！"极其漂亮的几个艺术字显示在屏幕上。我双手捧着生日蛋糕走上讲台，大声宣布："请我们今天的主角上场！"

小伟在同学们的生日祝福歌和掌声中走上了讲台。我将一份特殊的礼物送到他手上：我和班上的每个同学都给他写了一句祝福语。他如获珍宝，映着烛光，我看到他的眼里噙满了泪水，这应该是幸福的眼泪吧。

三、用爱抚平

时间就这么过了一个月，作为班主任的我也知道，一个活动的教育作用是有限的。这不事情又来了。一早来到学校，课代表就向我汇报今天小伟的作业没交，失望、愤怒全都涌上心头，我立刻把他请到办公室询问此事："小伟，你这几天在家怎么都没有做作业呢？"只见他低着头，嘴里嘟哝了几句，我什么都没能听清，这又增加了我心中的怒火，"你到底是怎么了？前几天你妈妈说你身体不好，老师同意你在家休息，但我怕你学习跟不上，不是每天都把作业告诉你妈妈了吗？她难道没督促你，你怎么会一题都没做呢？"这次他头低得更深了，红着脸，两只手不安地揉着衣角，几秒钟的沉默后，他不知是哪来的勇气，口齿清楚地说出了一句让我和在场的所有老师都目瞪口呆的话："我不想上学了！"我一下子懵了，从教也有好几年了，第一次听到学生敢在老师面前这么表白，当我从惊讶中平复过来，并且想要把事情弄个明白时，他却再一次陷入了沉默。

于是我拨通了他妈妈的电话，把他在我办公室的表现，以及他说的那句让人瞠目结舌的话一五一十地告诉了他妈妈，可让我意想不到的是，他妈妈竟然在电话那头抽泣了起来。原来他妈妈早就知道儿子不想上学的想法，这几天他没来学校，就是在和他妈妈拗劲，今天来学校也是他妈妈执意让他来的。这么个十来岁的孩子，在他这种年纪怎么会产生这种念头呢？上次的事情不是让他有了正确的想法吗，难道是他因为学习成绩差觉得学习无聊，还是因为我们老师在无意间伤了他的心，还是因为……我在心里不断地猜测着。

忍不住心头的疑虑，我向他妈妈探个究竟，到底是什么原因？他妈妈向我哭诉道："是因为他爸爸，他爸爸总是喜欢赌钱，前阵子输了钱后，人逃得无影无踪了，留下我们母子二人，讨债的人天天上门要债，我们实在没办法了，现在只能寄宿在亲戚家，他现在都不敢出去见人，更别谈上学了。"

一时间，心中原来对他满腔不满化为了同情、怜悯，我的心情变得无比沉重，同时也为自己的行为感到非常惭愧。一直以来我把重心都放在学生的学习态度上，孰不知，他们有的小小年纪就背负着家庭的压力，小伟真不容易，因为他不负责任的爸爸的所作所为，给他的内心造成了极大的伤害，他一下子失去了生活的方向，生活都没有了目标，还会有心学习吗？如果这时候再去抓着他补完作业，他非但会对作业感到厌恶，肯定还会对我产生反感吧。但我也不能这么任由他自暴自弃，我要用真心实意和深情抚平他心灵的创伤，让他摆脱自卑，增强信心和勇气。

我与他坦诚相见，劝他卸下思想包袱："老师知道，你和你妈妈现在的生活很困难，但你要相信现在这种生活情况只是暂时的，相信你的妈妈会把事情处理好的，也要相信你爸爸，他不会就这么丢下你们。你不要因为这件事情而自卑，产生不想上学的念头，你如果不上学，这个年纪你能干什么呢？你能帮到你的妈妈吗？是不是反而会使她更加忧心呢？作为学生，你应该把主要精力放在学习上，你如果在学习上有什么困难，放心，老师会帮助你的。"

日久见真情，慢慢地他感受到了我对他的热情和真诚，向我敞开了心扉。在班级中，我进行了团结友爱、互帮互助的教育，让同学们一起来鼓励、帮助他。把他的情况告知任课老师，让他们多关注他，多为他创造表现的机会，让大家一起给予他最真诚的鼓励和关怀。和他妈妈常保持联系，多进行沟通交流，了解他家的近况，了解他在家的言行，进而了解他的内心活动。

四、用爱收获

时间过得很快，转眼就到了段考时间了。因为以前对小伟爱的教育，小伟做什么事都中规中矩，表现一直很好。但是考试成绩出来后，我发现他退步很大。"是不是有什么事情瞒着我？还是以前的坏毛病没有改？"我单独找他谈话，问他考试的这个结果是怎么回事，他说："数学没考好，有几个题算错数了。物理学得不太扎实，时间安排得又不太合理，所以这次也没有考好。"

我对他说的话将信将疑，找来他很要好的几个同学了解他放学后都做什么去了。向他妈妈了解在家情况，妈妈讲平时他都睡觉比较早，喜欢蒙头睡。蒙头睡？这里边会不会有什么问题？会不会蒙着被子玩游戏或者上网？从此以后，我再次多留意起了小伟。

一天上课时，我发现老师在前边讲课而小伟两手却在桌子里不知拿什么东西，还不时低头看下面。下课后，我立即到教室把他叫了出来，问他上课在干什么，他说没干什么。我让他把东西拿出来，不要捉迷藏了。他回到教室从书桌里拿出了手机，还有充电器。我说："你怎么跟我解释啊？为什么成绩总是上不去呢？"这次他没有跟我兜圈子，而是把心中的想法全部说了出来。他说他特别羡慕那些白手起家的人，不想上高中，而是想去学计算机，他坚信自己有创业的实力。

孩子的想法有时就是这样过于天真，但他却不这样认为。一个想法，就会对他的生活有着巨大的影响。我认识到问题的严重性，耐心给他讲道理："你现在条件还不具备，时代不同了，必须先有知识储备，才能去社会上立足，不是想去干什么就能干什么的。你想干的事情就一定能干成吗？比尔盖茨从哈佛大学退学，白手起家进行创业，但是在这之前他已经取得了不少的成就，13岁时就开始了程序设计，17岁时就卖掉了自己的第一个电脑编程产品，在SAT（美国大学入学考试）标准化测试满分1600分中得了1590分。不要只是羡慕这些人，他们取得的成就其实都付出了巨大的努力，而且都有了相当丰富的知识储备。"这个例子对他来说很有"杀伤力"。随后，我又举了许多例子让他认识知识的重要性，劝诫他一定要先学习基础知识。同时，我知道小伟的问题并非交谈一两次就能解决，我要加倍关注他了。

没过两天，他主动找我表达了想要好好学习的愿望。小伟身上确实发生了一些可喜的变化：平时与同学们沟通也多了，下课能够主动地去问老师问题，在与我谈话时也不遮遮掩掩了，而是能够把自己的想法说出来，各科成绩也有了一些起色……

又过了几天，一件事情让我始料不及，小伟在数学课上和老师吵了起来。当我把他叫到办公室的时候，他还一脸不服气的样子。我问他："为什么在课堂上和数学老师吵架？"他对我说："我要退学，我不上了。""为什么？"我问他。"其实，其实……我不愿让别人碰我的头，碰我哪都可以，就是不能碰头，因为我父亲打我时总是打我的头，别人碰我头我就会想到挨打。"他道出了心里的委屈。

原来是这样，我找到了突破口，"可是你这情况老师知道吗？况且老师也没有打你，只是挨了你一下说这道题你不该错呀！"他不说话了。

"你基础比别人差，不多付出一点、不更用心一些，怎么追上别人？数学老师没有因为你基础差而放弃你，你却因为老师无意中的一点'伤害'而埋怨她，与她争吵，多伤老师的心啊……你不想让别人碰你的头，可以课后告诉数学老师，我相信数学老师会尊重你的。"我帮他打开心结。

"老师，我现在就给数学老师道歉去。"说完，他转身就跑了。

小伟是个懂事的好孩子，我长长舒了一口气。想到他内心那久久不能褪去的伤痕，我拿起电话簿找到他妈妈的电话，想了想，还是拨通了电话……

（马明）

马老师的教育故事让我们看到"问题学生"的背后，往往隐藏着严重的家庭问题。面对小伟的厌学情绪，马老师举出得当的例子来开导他，同时感受到了家庭对小伟心灵的伤害，积极与家长沟通，积极寻求解决的途径。学生的成长需要温暖和谐的家庭，需要老师细致入微的关心。

（屈检嗣）

家长背着我接走孩子后

期中考试前的一个星期五放学后，我留了几个学生在教室里默写。由于要参加学校的教工大会，我安排学习委员负责此事。因为担心他们不好好默写，我特地关照他们一定要听从班干部的要求，并等我开会回来后才能回家。结果我开完会回到教室，发现小宋不在，学习委员说他妈妈带他回家了。当时，学习委员转达了我的意思，他妈妈也不管，留下一句"这么晚了"就走了。

听了学习委员的话我很郁闷，心想孩子成绩差，我好心好意帮助他，家长不仅不感谢，还如此没礼貌，真是没素质，明天得找小宋好好谈谈。

此时已是五点半，天下起了罕见的瓢泼大雨。我心里忽然一动，觉得他妈妈这样的举动包含的信息很多。我边穿雨衣边琢磨：如果我是小宋同学的家长，在毅然把孩子从教室带走的瞬间会作何感想？学习委员说是老师留下学生默写的，但老师并不在场，学生默写的效果怎样呢，花这个时间又有什么意义呢？从我的角度讲，我之所以留这些学生，是因为我不放心他们的默写，总觉得把他们留在教室默一默，放心些。我设身处地地考虑了家长的想法，决定及时处理，不让意见在家长的心里生根，更不可"发芽"，一旦发了芽，以后这家校还怎么配合，对小宋的教育也不利。

于是，我决定立即到他家家访。我想当我披着雨衣，冒着大雨站在他家门口的一瞬间，家长心里的疙瘩应该会一下子消除了吧。果然，他妈妈一开门，显得非常激动，连声说感谢。我含蓄地表达了我的意思，达到了预先设想的效果：既讲清楚我留他孩子的原因，又表达了我对他孩子提前离校的担心。他妈妈心里很有数，原先存有的意见也烟消云散，还极力地挽留我吃晚饭。我婉言谢绝了他妈妈的好意，冒雨行走在回家的路上。

从这以后，他妈妈非常配合学校的教育，所有的活动都鼓励儿子积极参加，还报名成为我们班家长委员会的成员，创建了0503班家长QQ群，与其他家长共同商讨教育小孩的方法，小宋的成绩也突飞猛进。我常听到去他家玩的同学说：小宋的妈妈夸奖我们的班主任很优秀，要我们听话，多出点子，多做事情，把班级建设好，为王老师减点负担。

试想，如果当初我不换位思考，不冷静地反省自己的行为，只一味地怪罪家长，并且找来小宋含蓄地责怪，我想可能有两个结果：一是他妈妈会气冲冲地跑到学校找我理论，小宋觉得有妈妈撑腰，在班上找一些"臭味相投"的同学，暗地里与我这个班主任较劲。另一个是小宋的妈妈迫于儿子在我班上读书的压力，不得不来学校表示歉意，那样对小宋造成很大的心理压力，可能会觉得抬不起头，变得内向、暴躁。如果真是这样，那就不仅仅给自己的班主任工作带来困难，更重要的是影响了一个学生的一生。

班主任工作中，处理与家长的关系是一门学问。以前我对家长有较多的抱怨，认为是他们不负责任，甚至觉得他们素质低下。但从这件事开始，我转变了想法，班主任应多自省，少抱怨，要学会换位思考。我们的工作只有确实合情、合理、合法，才能顺利地解决问题，也才能真正有助于学生的成长。

（王莉娟）

【名师点评】

很多老师戏言，和家长打交道要斗智斗勇，其实，斗智斗勇的前提是以心换心。如果让家长感受到老师的诚意，知道老师的出发点和他们一样，就是一切为了孩子的培养，家长绝对不会不配合老师的工作的。当然在实际工作中，老师的有些举措未必能获得家长的理解，甚至会引起误解，这个时候更考验老师的智慧和心胸。"当射出的箭未能命中靶子时，射手只会责怪自己，不会责怪别人。智者采用同样的方式为人处世。"本文中，王老师在得知家长不顾自己的嘱咐提前接走孩子还埋怨老师留堂后，有过郁闷，但她很快调整心态，换位思考，并果断冒雨家访，把危机变为转机，不仅没有留下心结，还把学生家长变为自己有力的同盟军，真是一位有智慧有胸怀的好老师。

（屈检嗣）

用心交流　静待花开

美国当代心理学家马歇尔·卢森堡提出的"非暴力沟通"模式，为师生沟通提供了一种新的沟通方式。学习了"非暴力沟通"的相关理论后，我尝试着去运用它。

今年我任教于高一年级。在我执教的班级里，有一个丁姓女生，性格怪异，喜欢一个人坐在教室的最后一排，上甲课做乙事，甚至睡觉看小说，基本不交作业。任何老师与她谈心，也不起作用。有着15年班主任工作经验的我，决心要改变这个孩子。于是在开学的第一个月，我利用休息时间，多次找她谈话，可最终也是收效甚微。

记得其中的一次谈话是这样的：我问她："小丁，你为什么不做摘抄？"她说："我为什么要摘抄？书上都有。我读一读不就够了？"我拿出上届毕业学生的素材本，说道："你看，今年考上北大清华的同学都有摘抄的好习惯。书上零散的东西经过你的整理才能变为自己的东西呀。"她看都不看一眼就反驳道："我为什么要上北大清华？我一所大学都不想考。"我说："虽然考大学不是读书的终极目标，但应该是你求学生涯的一个阶段。你能告诉我为什么远离家乡到明德来读书吗？"她干脆地说："我也不想来，是我父母逼我来的！"

这样的谈话有过几次，往往让我没法与她交流下去，只能草草收场。她依然独来独往，依然在上甲课时做乙事，依然不交语文作业。于是我慢慢地也心灰意冷了，我想教育不是万能的，只要她不影响别人，随她去吧。于是我再也不喊她回答问题，再也没有和她说过什么话，甚至于她坐的那个角落我都慢慢地不再留意了。

这次学了非暴力沟通的相关理论，我忽然意识到，我和其他任课老师对这

187

个女孩目前的不理不睬的态度其实就是一种冷暴力，这位女生虽然没有多大改变，但她年纪尚轻，可塑性强，需要我们更为耐心的引导，我们不能因为她的抵触就放弃对她的教育。另外，反思自己过去和她谈话的方式，我倾向于指出她行为上的过错，喜欢直接地评判且拿她与优秀生进行比较，说不定这就是收效甚微的缘故呢。我决定再次和这位女生沟通。

交流开始，我首先向她道歉，我说："老师对不起你，这么久都没有理睬你。希望你能原谅我。"她略略有些吃惊，可能是没有想到我会这么说吧。但她马上就非常淡定地说："没事，我早就习惯了。你们老师不就是喜欢那些听你们话的好学生嘛！"看来她的对立情绪还不小。我真诚地说："但是在我眼里，你并不是一个坏学生。老师虽然最近没有理睬你，但一直在关注你。"她说："哦，那你了解我多少？"我为了和她谈话，还是做了一些功课的。我知道她喜欢日语，喜欢考古，喜欢旅游，厌恶高考制度，但成绩并不坏。于是我就用赞扬的语气把她的爱好一股脑儿列举出来，当我说这些时，她的眸子开始有了一种异样的光彩。于是我进一步说："你其实是一个很有主见的女孩。可能是对现行的教育制度有一种反感，导致不愿意听课和做作业，是吗？"她点点头。我接着说："坐在教室，我发现很少有同学和你说话，现在也极少有老师找你谈话，你觉得孤独吗？舒服吗？"听到这句话，她的眼睛红了。她答道："我没有朋友。我想逃离这个环境。"我说："与其逃离，不如改变自己。有很多东西，比如考试制度，我们是不是可以看到它的两面性呢？如果看到积极的意义，你会换一种心态去面对它，日子也就变得明亮起来了呀！其实老师很想为你做点什么。请问你希望我怎样做呢？或者你可以为我的教学提出什么建议吗？我可以为你而改变自己。"她说："老师，其实你的课上得很精彩，但我确实不想做那些乏味的高考题，我只想你允许我自由地阅读。不过我所读的作品可能并不是教材规定的中学生必读书籍。"我说："我明白了，比如《马王堆汉墓考古研究》。"她会心一笑，因为这是她曾在语文课上偷读的一本书。最后我邀请她在班级的课前演讲中为同学推荐她所读的书籍，她爽快地答应了。

这次交流之后，我感觉到语文课上的她有了很大的改变。她开始翻看教材认真听课，开始举手回答问题，她的课前演讲也赢得了同学们热烈的掌声，只是作业方面还偶有缺交。她还需要我和其他老师进一步的帮助。

反思这次谈话，我觉得体现了非暴力沟通的四个要素：观察、感受、需要、请求。谈话伊始，我的道歉让学生感受到我的真诚和对她的关心，这为后来的良好沟通奠定了情感基础。谈话时我把自己观察到的这位女生的爱好列举出来，肯定她不是一个坏学生，这就让评判基于观察之上，因而显得中肯。接下来我让她谈自己被孤立的感受，为后来的老师的帮助提供必要性。接下来我真诚地倾听了女生内心的需要，最后再提出我的请求：邀请她做课前演讲。尽管这个请求还没有涉及听课和完成作业，但对这位女生而言，这是她目前最愿意做的事情。如果她能融入集体，融入课堂，我相信，要做到认真听课和完成作业也并非难事了。

其实，非暴力沟通没有任何新的主张，但它起着提醒我们的作用。它提醒我们借助已有的知识，让爱融入生活。作为一名教育工作者，让我们把爱随身携带，尊重生命，用心静听花开的声音。

（黄金萍）

【名师点评】

有效实施"爱的教育"是需要智慧的。很多时候，明明出发点是爱与关心，却依然打不开学生的心门，这经常会让我们感到失落和无助。但是，如果能多坚持一点点，能多想一点点，找到了合理的路径，教育就打开了新的天地。金萍老师与学生不同阶段的交流，采用了不同的方式，于是，收获了截然不同的结果，体现了一个教育者爱的坚持和爱的智慧。

（黄雅芩）

拨动孩子心中的那根弦

教育是最具诗情画意的事业，因而教师要用天际般宽容的心胸、明镜般赏识的眼睛去解读学生无穷的诗意，才会在平凡中创造出更多的精彩。班主任工作平凡，没有惊天动地的丰功伟业，做的都是平凡的教育琐事。他既要管学习，又要管纪律；既要管生活，又要管思想；既要关心学生的健康，又要解决学生之间的矛盾。班主任又是人才培养的核心，是参与孩子灵魂的构建者。

班主任要善于做好"心"的工作，以聪慧之心、仁爱之心、宽容之心，抚平心灵的褶皱，让教育不再是空洞的说教，而是精神的对话。可以用温暖的语言宣扬班级的正向故事，可以用鼓励的语言化解孩子失败的痛苦，可以抓住一些小事做文章，善于发现每一个人为集体而付出的细节故事等。

今年我校高二年级举行篮球赛，冠亚军之战在我班和六班之间展开。就实力而言，我班有两个篮球体育特长生，篮球技术好的不少于十人。赛前，球员们个个摩拳擦掌，信心十足，俨然胜券在握，同学们也是兴高采烈，拉拉队早就买来了鲜花，准备送给英勇的球员们来庆祝最后的胜利。比赛一开始我们很快就领先，但随后每个队员都争着投篮，都想在冠军赛中有自己突出的表现。结果可想而知，我们进攻的时候靠单打独斗，很难冲破对手的防线，而防守时队员又不能及时撤回，对手轻松得分。最后我们以一分劣势输掉了比赛。赛后，队员们开始互相指责，指责过后几个主力球员用衣服蒙头便哭，拉拉队的女生也跟着哭起来。我亲身参与了整个过程，刚安慰了他们几句，便到了颁奖仪式的时间，随后退场了。

第二天下午，班会课，我走进教室，教室很安静，几个篮球队员趴在桌子上，显然还沉浸在昨日的失利之中，同学们低着头，情绪都不高，他们知道，班会课我肯定会点评篮球赛。"昨天篮球赛的失败都是我的责任。"我一开始就直奔主题，这时同学们都抬起头来看着我。"首先我在比赛过程没有及时叫暂停，没有给同学们进行很好的指导，这也是由于我的篮球水平不高以及相关知识不足造成的，但我又没有及时弥补这种不足，如请体育老师来当教练等；其次是在比赛过程中，我为了使每个同学都有上场表现的机会，不断地换人，导致球员间的相互熟悉度和热身不够，传球效率不高，投篮不准。"我承担了失败的责任，这是他们事先没有预料到的，这时有些同学脸上肌肉明显放松了，心里少了些压力和不快。然后我趁热打铁，让同学们自己分析讨论他们在这场球赛的不足和收获。几个球员相继发表感言，有的说自己太过于表现自我，没有团结协作，拉拉队称给队员太大的压力等。之后我表扬每一个人为集体的付出，虽然我们这次没有获得冠军，但下次我们必定是冠军。这次篮球赛的失败并没有给我们造成不好的影响，反而给我和我的学生们上了很好的一课。

苏霍姆林斯基说过，在每个孩子心中最隐秘的一角，都有一根独特的琴弦，拨动它就会发出特有的音响，要使孩子的心同我讲的话产生共鸣，我自身就需要同孩子的心弦对准音调。在这个事情中，我没有盛气凌人、居高临下地对他们的失利进行指责，而是承认自己的不足，说话实在又真切，说到学生的心里去，拨动孩子们心里的那根弦。

（蒋建林）

【名师点评】

班级生活的每一件事，都有可能成为教育的切入点。班主任要有教育的敏感度，及时发现问题，因势利导，调准基调，拨动琴弦，就一定能和学生产生共鸣。

（黄雅芩）

突 袭

作为语文老师，我也许忘记不了那一节作文课，课堂上学生的一次"突袭"竟改变了我多年的写作课教学方法，更让我明白了老师不仅应该成为学生的引导者，还更应该是孩子们成长路途上的同行者。

那是周四下午的一节作文课，我和往常一样点评完上一次的作文，在黑板上信手写下了作文题目：拥抱梦想。正当我讲解完写作要求，鼓励学生按照要求快速完成时，一个学生突然站起来说："老师，您也写一篇范文让我们学学嘛！"顿时，教室里鸦雀无声，同学们用惊愕的眼睛看了那个学生一眼后，都睁大眼睛紧紧盯着我。我一下子愣在那里，心里阵阵发毛。说实在的，除了读大学时兴致所向写了一些只言片语之外，参加工作教学这么多年，我还真没有踏踏实实地写过几篇像样的文章。对于平常的作文教学，我总是从学生的习作中找几篇范文读读，自己"光说不练"，可是从来没有想过写写。对于写"作文"，不要说有的学生害怕，就是自己，这么多年没有动笔，真没有什么把握。我本想狠狠批评那个"多事"的学生几句，但看着讲台下学生们那一双双期盼的眼睛，我实在没有什么理由拒绝那学生的请求。再说，不答应，作为一个语文老师自己多没面子。万般无奈之下，我只好硬着头皮说："好，老师课后也写一篇作文，给同学们参考参考。”

晚上，我开始专心写"范文"，可是多年没有写作，真是文思枯竭。连着开了几个头，怎么看怎么不满意，气得把纸一撕，索性到院子里清醒清醒头脑。一阵晚风吹过，我冷静下来。没想到多年的"光说不练"竟然让自己养成了"眼高手低"的坏毛病，连一个开头都写不好。进而想到自己批改作文时，不能理解学生，常常是表扬的话"蜻蜓点水"，批评的话"劈头盖脸"，不知道打击了多少学生的积极性。多年的作文教学，学生写了不少，自己批改讲评了不少，可效果——还不是一上作文课，很多学生眉头紧皱，两节课挤牙膏似地挤出一篇自己都不想再看一眼的作文。想到这些，我暗下决心：一定要写一篇像样的"范文"，不能让自己丢脸。

回到桌前，我又搜肠刮肚地写起来，最后费尽九牛二虎之力，才完成了一篇"大作"，但怎么看都不像"范文"，气得我把它揉成一团扔进了废纸篓。想想自己的承诺，我又静下心来分析不足，重新再写了一篇，并认真从头到尾修改起来。改完一读，还是不理想，但自我感觉比第一篇大有长进。随后，我又绞尽脑汁地进行了第三遍、第四遍的修改，直到改过六遍之后，自己才感到比较满意。我禁不住回头看满篓的废稿，忽然灵光一闪：这不就是我平常苦苦寻找的修改范例吗？想到这里，我赶紧把几篇草稿从废纸篓里拿出来。

在接下来的作文讲评课上，我把复印好的我的第一次写作草稿分发给学生，让他们讨论、评改。学生看了后七嘴八舌地说："这是谁写的？""这作文，太差了！"讨论了一段时间，我把第三次的修改稿送到学生们的手里，"这篇比上一篇好多了。""这篇文章还不够简洁。"最后，学生拿到了我第六次改后的文章问："老师，这是谁写的？"我红着脸不好意思地说："这是我写的。"接着，我如实把写文章的过程和修改文章过程告诉了学生，我告诉同学："今后我也和大家一起写，我们共同交流，共同修改，好不好？""好！"学生一声响亮的回答促使我写作教学的新变化。从此，在作文教学中，我常常和学生同堂写作，一起评改作文，交流写作体会。一方面，学生把习作当成了自我表达和交流的方式，通过与学生的交流，我更了解他们的写作体验与写作难题，作文教学更具有针对性；另一方面，我和学生的共同写作也成为了对学生的无形鼓励和有形的引导，进一步激发了学生的写作兴趣。

作文课上意外的突袭让我在教学中更加关注学生的学习需求。教师不仅要做教材的忠实传递者，更要和学生不断交流、沟通，强调学生的主动参与和主动感知，在积极的引导中，与学生共同建构新知，让学习成为共同探究的过程。和学生一起的学习，改变了我原来知识传递的方向，从学生身上汲取养料，实现自我的更新与提升。

（王谦益）

【名师点评】

"突袭"体现了班级生活互动中的一种生成。当谦益老师面对学生有"将军"意味的要求时，首先是能尊重和满足学生的需要，硬着头皮接受"任务"；然后能够实现师生换位，体验学生的"痛苦"，认认真真完成"任务"；最后，能够巧妙施教，让作文教学更有实效。一步一环，都体现了教师的爱心与智慧。

（黄雅芩）